英語力ゼロからの

大人のフォニックス

発音トレーニング

Chigusa Shigemori
重森ちぐさ

自分の口から出た言葉で
世界の人と通じ合えた。

英語がわかる、できるって嬉しい。

〈はじめに〉

Hello, everyone. It's me Chigusa!

はじめまして。
私は、英会話スクールNextepの代表取締役兼英語講師をしている重森ちぐさです。ふだんは生徒さんからちぐさ先生と呼ばれています。

教室には子ども（小学生）から高齢者（80代）まで幅広い年齢層、そしてさまざまなレベルの生徒さんが在籍しており、現在（2023年7月時点）は2,000人ほどを教えています。

子どもではスピーチコンテストなどで入賞した生徒さんも多くおりますし、大人ではビジネスで使うために必要に迫られて入会された方、海外の人に日本のことを教えたいために習う方もいらっしゃいます。

本書は、私がこれまで教えてきた経験と知識をフルに活用して、日本人の大人向けに作りました。英語が苦手、コンプレックスに感じる人や、そもそも英語を勉強したことがない人を対象としています。そんな方々にこそ、ぜひ「フォニックス」を学んでほしいと思います。

▶「フォニックス」ってなに？

フォニックスとは、**「英語圏の子どもが読み書きを覚えるために開発されたメソッド」**のことです。難しくいうと「綴りと発音の規則性」です。

私たち日本人も一緒で、子どものころは親から聞いた言葉でなんとなく話はできるようになるもの。
だけど、本を読んだり、文字を書いたりできるようになるためには「ひらがな」「カタカナ」「漢字」を勉強しましたよね。フォニックスはそれと似たようなもので、**音から文字、文字から音がわかるようになるメソッド**です。

▶なぜ、フォニックスを学ぶの？

日本語は、「あいうえお（50音）」を覚えることによって、どんな言葉も言えるようになっていますよね。

英語でいう「あいうえお（50音）」は、実は「a・i・u・e・o」ではなくて、本書で紹介するフォニックス26音のことなんです。

「英語が伝わらないのは発音に問題がある」
「聞き取れないのは音の認識に問題がある」

これらはフォニックスを学ぶと改善されるはずです！

きっと英語の上達が一気に加速しますよ。これまで英語をマジメに学んできたけれど発音に自信がない人は、**フォニックスができるようになると「聞こえる」「通じる」が多くなり、英語学習がいまよりももっと楽しくなる**と思います。

フォニックスは音から英語を捉えるので、ネイティブにも伝わるスピーキング力、リスニング力が上がります。

つまり、日本人にとって英語らしい発音を学ぶためにはフォニックスがうってつけなんです！　私はフォニックスがもっと広まると、もっともっと英語に自信を持てる人が増えると100%信じています！

▶英語の学び方は他にもたくさんあるけど、それよりもいいの？

英語の勉強法は、例えばシャワーのように英語を聞くとか、速聴や英字新聞を毎日読むなど、いろいろあります。

私としてはどの勉強法も、ひとつの方法としていいと思います。でも、レベルに合った学習をすることが大事。初心者の方が英字新聞を毎日読むのは大変すぎます。

自分に合っていないレベルで挑戦しても挫折するのは当たり前です。それで自信喪失して英語嫌いになるのは、とてももったいない！

例えば幼児が毎日、経済ニュースを聞いても楽しくないし、学びは非常に少ないです。ビジネスに興味がある、知識がある大人が経済新聞を読むとためになるでしょう。幼児なら、子ども用の教育番組を見るほうがより多くのことを学べるのではないでしょうか？

英語学習は、まず基本であるフォニックスから学習する事をおすすめします。**基本なので、英語力ゼロの人でも大丈夫！**
むしろ、これまで習ってきた英語はとりあえず脇においてください。そんな状態の人のほうが習得が早いです。今まで学習してきた人も、一度、初心に戻ってゼロから始める気持ちでやってみましょう。

「**これまで勉強してきたことをゼロにするのは辛すぎる……**」とショックを受けなくても大丈夫。これまでの努力はもちろん活きてきます。
フォニックスができるようになったなって思い始めたら、**英語力はグ～ンと一気に上がりますよ。**

▶なんで「いったん英語力ゼロ」にするのか

英語と日本語の発音はまったく違うものです。**日本語はだいたいが１文字に１つの音があり、一定のリズムですよね。**
でも、英語ってまるで歌のように**リズム**があって、**なめらかな発音**があって、**息の使い方**があるんです。これが、すごく大切！

例えば、「about」だと、音は「ア・バ・ウ・ト」で、リズムは「タン・タン・タン・タン♪」の４拍で発音すると覚えているかもしれません。
「about」の発音を英語の音になるようにカタカナで表現してみますね。本来は「**ァバゥトゥッ**」ってなるんです。見慣れないですよね。これを「**タ・タン♪**」のリズムで発音するんです。

だから「ア・バ・ウ・ト」って発音するって固定観念があるとどうしてもそのクセに引っ張られちゃうんです。

リスニング力も同じで「ア・バ・ウ・ト」ってインプットされていたら、「about」と聞き取れないですよね。だから、**正しい英語のリズムや音がわかるようになると、一気にリスニング力もアップするわけです。**

特に英語をがんばって学んできた大人ほど、ローマ字読みのクセが強いのです。これまでの固定観念はいったん捨てて「本書で発音を初めて習う」くらいの気持ちで取り組んでもらえるとすっと発音が変わりますよ。

▶ちぐさ先生は、もともと英語力ゼロだった？

ちなみに私はほんっとうに英語力ゼロでした。英語が苦手とかいうレベルじゃなくて、そもそも勉強をしてこなかったんです。英検３級も高校の時は不合格でした。だから、正直、はじめから固定観念すらなかったので、自分の発音を疑問に思うことすらありませんでした。

行動力だけは人一倍ありましたので、高校卒業と同時に「英語が話せたらかっこいいよな～」という、単純な動機でバンクーバーに行きました。英語力も固定観念もなかったので、ある意味で習得も早かったのかなと思います。

もちろん、言葉が通じないって本当に大変でした。

バンクーバーでバスの運転手に住所を伝え、ホームステイ先に進んでいるはずでした。でも、いきなりワケのわからない山で降ろされたんです。

どうしようもなかったのでひたすら歩いて灯りがあるところに行って懸命に“Help me！”と叫びました。たまたま、出会った人が親切だったので、ステイ先まで車で連れて行ってくれました。

いま思うとなかなか危ない経験をしたと思います。

ここまでお話をするとよく聞くのが、**「ちぐさ先生は才能があるからでしょ？」「英語力ゼロで留学すれば誰でも習得できるってこと？」「それは営業トークでしょ？」**なんて声。
ですが、そんなことはありません。勉強嫌いでしたし。

ただ、英語を習得するコツはつかんでいたと思います。それは**「日本語と英語の違いに気が付くこと」**です。実は先ほどの「about」でも触れた点ですが、ポイントは３つあります。次項から解説していきますね。

その前に！

実は**「あっという間に英語を習得するタイプ」**があるので紹介します。

▶関西弁がうつっちゃう人っていませんか？

私が講師をしてきた経験上、**「こんなタイプの人は英語習得が早い」**というのがあります。
例えば、関西弁の人が 10 人いる中で１人だけが別の地方出身。１時間後には「気づいたらその１人の地方出身者が、関西弁に馴染んでいた」ということはありませんか？

そういう人は、実は英語の習得も早いんです。関西弁に限らず、方言がうつるのが早い人ほど、英語ののみ込みも早いです。
子どもたちの英語教室のレッスンでも、私たち講師が “Ah-ha” と言っていたら、子どもも後半には “Ah-ha” と言っています。

つまり、**英語習得が早いタイプというのは「素直に真似できる人」**だと思います。発音している人に同調して、恥ずかしがらずに真似して自分でも言ってみるわけです。
英語学習の際には、ぜひ素直に真似してみてくださいね。

さて、英語習得のコツである「**日本語と英語の違いを知る**」。そのポイント３つをそれぞれ解説していきます。

①カタカナ英語（ローマ字読み）
②息の使い方
③リズム

▶英語上達のコツ①「カタカナ英語（ローマ字読み）」

まず、私たち英語講師が生徒さんの発音指導で一番苦労しているのが、①「**カタカナ英語（ローマ字読み）**」です。**英語にはカタカナにない音がいっぱいある**のです。

「elevator」は「エレベーター」、「child」は「チャイルド」って覚えているかもしれません。でも、カタカナで音を表現すると下のようになります。

010 【e】 エレベーター

elevator

タ・タ・タン・ター♪
エレヴェィダ r
短く

最初の「エ」にアクセントを置く。「レ」で前歯の後ろを舌で押して弾き「ヴェィ」へとリズムよく移行。最後は「ター」ではなく「r」の混じった「ダァ」の音に近い。

138 Long i 【ai】 子ども

child

タ～ン♪
チャァィオドゥッ

カタカナ英語「チャイルド」ではない。「チャァィ」の 音を強く長めに。「適当のＬ」を短くはさみ、最後は弱めの破裂音「ドゥッ」で終わる。

あくまでカタカナで表現した音ですので、実際の音とどうしても違いが出てきます。

しかし、**このカタカナを目安にイメージをふくらませて、ネイティブの発音を聞いて発音の練習をすると「なるほど！」となるはず**です。

▶英語上達のコツ②「息の使い方」

次が**「息の使い方」**。日本語の息の使い方って、極端に表現すると次のようにブツッブツッって区切られています。

「私は / 英語教室で / 働いてます」

英語では、言葉同士がなめらかにつながっているんです。日本語での英語イメージを表記すると次のようになります。

「わたしはぁ～ えいごきょぉしつでぇ～ はたらいてますぅ～」

つまり、英語と日本語では**「息の入り方」**と**「終わり方」**がまったく違うのです。ポイントは、**「息の出し方はソフトに入ってソフトに終わる」**です。

例えば、「cake」は「ケーキ」ではなく、もっとなめらかに次のように発音を意識してみましょう。

153 **Long a【ei】** ケーキ

cake

ター～ン♪
ケェィクッ

のどから強く息のみを出す「k」に「ェィ」の音をつなげる。カタカナの「ケーキ」ではなく、「ェィ」と音を変化させ無声音の「クッ」で終わる。

この感覚を意識するだけでもだいぶ発音が変わると思いますよ。

▶英語上達のコツ③「リズム」

最後の１つは、**「リズム」**です。
英語と日本語のリズムはまったく違います。音楽も一緒でリズムが違うと別の音楽になっちゃいますよね。

先述の「about」も、日本語だったら「アバウト」で、リズムも「タン・タン・タン・タン♪」だけど、英語だと「ァバゥトゥッ」を「タ・タン♪」で発音するんです。

🔊018 【b】 〜について

about

タ・タン♪
ァバゥトゥッ

あいまいで弱めの「a」の音から始め、「バゥ」を強く発音。語尾の「t」は息のみで弱めに。

単語だけでなく、文でも同じように英語には長短のリズムがあります。文の中で大事なところをはっきり、なくても伝わるところは軽く短めに言うのが基本です。
その英語的リズムがわかってくると、発音が一気に日本語カタカナ離れします。

▶英語発音、上達への道

いかがだったでしょうか。これまで学校で習ってきた英語と印象が変わってきたでしょうか？　本書を通じて、少しでも英語を試してみたいと思っていただけたら嬉しいです。

本書で練習を重ねて発音のイメージを積み上げていけば、英語の聞こえ方が変わったり、発音のポイントがわかってきたりします。そうやって自信がついたら、次に外国人と話す機会をつくってみてください。

その時に**「あっ！　英語が通じた！」**という気持ちになったらとても嬉しいし、自信がつくはずです。
ただし、最初からすぐに上手にはなりません。何度も繰り返し練習をしても、時には伝わらない場合があるかもしれません。

そんな時は「なぜ伝わらなかったのか？」を考え、自分の発音を見直したり、他の人だったらどう言うのか調べてみるなど、いろいろ試してみてくださいね。
そうやっていくうちに、きっと上達していきますよ！

本書は、フォニックスの他にも**「ちぐさ流発音ポイント」**を盛りだくさんに詰め込んでいます。

「文章での発音」や**「感情表現」**、さらに発音に大事な次の6つのルールも同時にお伝えしますね。

「英語発音で変わる筋肉の使い方」
「2音階の発音」
「カタマリ読み」
「音の分解法」
「1＋1→1.3 読み」
「長短リズム読み」

それでは、「本書の使い方」を読んで、
発音トレーニングをやっていきましょう！ >>>

音声ダウンロード・動画レッスン再生ページ

本書に掲載されている、英単語や英文、確認テスト（冒頭に【🔊 000】と付いているもの）には、音声ファイルがあります。また、動画レッスンも見ることができます。音声ファイルのダウンロード、ならびに動画レッスンは、パソコンやスマートフォンから下記にアクセスしてお使いください。

パソコンから

https://kanki-pub.co.jp/pages/otonaphonics

スマートフォンから

※音声の読み上げスピードは、少し遅め、通常の2つが収録されています。

音声ダウンロードについてのお問い合わせ先

https://kanki-pub.co.jp/pages/infodl

本書の使い方

Step 5 合体変身子音レッスン 「1+1→1.3読み」でリズムの核心がわかる

【k】
クッ
ch

【tʃ】
チッ
ch

【ʃ】
シ
ch

【k】Step 1の「c / k」（→ P64）と同じ音。日本語の「カ行」を母音を入れずに息のみで出します。

【tʃ】日本語の「チャ行」を母音を入れずに息のみで出します。

【ʃ】「sh」（→ P160）の音と同じ。日本語の「シャ行」を母音を入れずに息のみで出します。

トレーニングする発音の解説を読んでポイントを押さえましょう。

〈発音〉のポイント

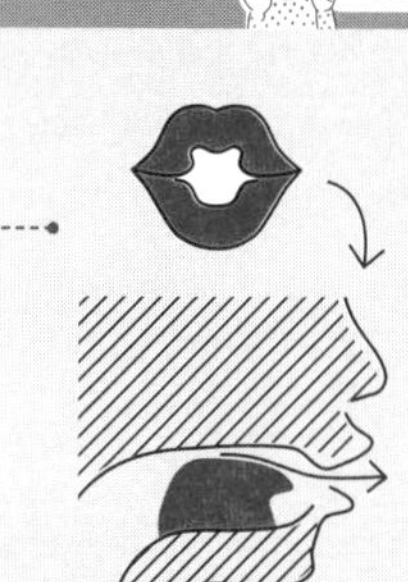

【k】舌の根元を上あごの奥に付けて「クッ」と強く息を吐きます。

【tʃ】左図のように唇をとがらせ、舌を上の歯ぐきに付けて「チッ」と息を破裂させます。

【ʃ】歯を合わせ、唇を前に突き出し「シ」と強く息を吐きます。

口の動かし方や、舌の位置などがかかれています。

ちぐさ先生の

動画で発音レッスン！
～「本書の使い方」編～

ちぐさ先生が動画で解説します。
二次元コード（URL）より見てみよう。

https://kanki-pub.co.jp/pages/otonaphonics

ch / ch / ch を発音してみよう

256 【k】 お腹、胃

stomach

タン・タン♪
スタァマックッ
短く

2つの無声音「助走音のs」と「破裂音のt」に短い「ァ」の音をつなげ「スタァ」までを一気に発音。「タ」の部分を一番強く言う。「鼻音のm」を入れ、あいまいに「マック」。語尾の「ch」は【k】の音でのどから息のみを出し「クッ」と発音。

257 【k】 テクノロジー

technology

タン・タ・タ・ター♪
テェクンナラジィ

舌で上の歯ぐきを弾きながら力強く息を出す「テェ」と、のどから息を出す【k】で「テェク」。鼻から抜ける「ナ」を強めに出し、舌先を前歯の裏に置き「ラ」、最後は「ジィ」と伸ばす。

258 【tʃ】 チーズ

cheese

ターン♪
チィーズ

この「ch」は【tʃ】。アヒル口で「チィ」と息を強く破裂させ音を伸ばす。終わりは「z」の音。上下の歯を合わせ、すき間から息を出しながらこすれた音を出し弱めの「ズ」で終わる。

259 【ʃ】 パンフレット

brochure

タン・ター♪
ブゥロゥシュアr
短く

「br」が「bl」にならないように、破裂音「ブ」の後に舌の付け根を後ろへ引き「ブゥロゥ」。この「ch」は【ʃ】で、唇をすぼめて「シュ」とこすれた音を出した後、すぐに舌を奥へ引き、こもった「r」の音を出す。

\ Practice! /

260 **(An architect chatted with a chemist) (on Christmas).**

アンナーキテクトゥッ チャディドゥッ ウィ・ズァケミストゥッ オン クゥリスメス 建築家は化学者とクリスマスの日に会話した。

※下線のあるカタカナは短く発音する。*は、カタカナ表記不可。

Step 5

163

トレーニングする発音が含まれた英単語（英文）です。

解説文のポイントに気を付けて、さらに発音練習をしてみましょう。

該当の音声を聞いて真似をしてみましょう。

音声を聞いてもうまく発音できない時は、「リズム」「カタカナ」をヒントにしましょう。

下線部分のあるカタカナは短く発音する。

Step 3 から英文が登場します。はじめはゆっくり発音練習をして、だんだんスピードアップしていきましょう。

英語力ゼロからの

大人のフォニックス

発音トレーニング

Step 1 フォニックス 26 音レッスン

Step 2 長母音レッスン

Step 3 サイレントeレッスン

Step 4 合体変身母音レッスン

Step 5 合体変身子音レッスン

Step 6 長短リズムレッスン

Step 7　感情表現レッスン

カバー・本文デザイン・DTP　Ampersand Inc.（長尾和美）
イラスト（キャラクター）　Ampersand Inc.（長尾和美）
イラスト（発音のポイント）　木村スノピ
校正　聚珍社、鴎来堂
音源制作　英語教育協議会（ELEC）
ナレーション　Carolyn Miller
動画編集　久我理
制作協力　Nextep（木村真奈美　福山紗世　山田瑛子　ゴイシ夏海）

登場人物紹介

ちぐさ先生

英語講師。
もともと勉強嫌いで英語力ゼロだったが、現在、英会話スクールの経営者でもあるすごい先生。子どもから80代の大人、初心者からビジネスパーソンまで、さまざまな年代・レベルの生徒を「英語ができる人」にする。

キツネくん

英語の発音を学ぶ生徒。
英語がとても苦手。だけど、将来、大人になったら海外でも仕事ができるようになりたくて発音の練習をしている。

Step 1

フォニックス26音レッスン

1. **二次元コード**から音声をダウンロード。
音声【🔊001】～【🔊125】を聞いて発音のイメージをふくらませよう。

2. 本書を読みながら**発音**してみよう。

3. **1と2を繰り返して、**
発音に磨きをかけよう!

大人のフォニックス Step 1

フォニックスのルールでスペルから発音がわかる？

教えてちぐさ先生！
犬って「dog」なのに、**「ドッグ」**って発音しないの？

カタカナ読みだと**「(doggu) ドッグ」**だけど、フォニックスでは**「ドゥッ・ァオ・グッ」**（ァオは「ァ」と「ォ」の中間音）。それをつなげて**「ドァオッグッ」**って発音するよ。

「ドァオッグッ」!?　そんなに発音違うんだ。
その**「フォニックス」**って、なあに？

かんたんに言うとね、**アルファベットの鳴き声についてのルールのこと。**犬は**「ワン」**って鳴くでしょ？

ええ!?　生き物は鳴くけど、アルファベットが鳴くって、ど、ど、どういうこと!?

落ち着いてね。**「a」**は名前が**「エィ」**で、鳴き声は**「ェア（エとアの中間音）」**なんだよ。

え？　名前と鳴き声で違うんだ!?　知らなかった。
アルファベット全部？

そう、26音全部。**「このアルファベットはこういう鳴き声だよ」**っていうルールを知ると、スペルから英語の発音のしかたがわかるんだ。さっきの「dog」みたく、フォニックスの各音を足し算するように発音すると英語らしい発音になるよ。ちなみに、26音だけど、Step 1では「c」と「k」が同じになるからまとめて説明するね。

ちぐさ流発音レッスン Step 1

英語と日本語で 使う筋肉がそもそも違う

日本語の発音とフォニックスの発音では、口の動きが全然違うって本当？

そうそう！
特に注意したいのが**「表情筋の動かし方」「息の出し方」「唇や口の形」「舌の位置」**だよ。

へぇ〜。声の出し方から日本語と英語は違うんだ。
「表情筋の動かし方」ってどこの筋肉のこと？

ニコッと前歯が見えるくらい笑ってみて。……そうそう、いい笑顔！
その時に**ほっぺたを持ち上げているのが表情筋**だよ。

ここの筋肉なんだ。ぼくはふだん話をする時に表情筋をあまり使ってないかも。
「息の出し方」って、どういうこと？

英語は日本語よりたくさん息を吐く言語。のどに力を入れず、お腹から息を押し出すイメージで**「息を吐きながら」**話すといいよ。

お腹から発音するのは、どんな単語なんだろうな。
あと**「唇や口の形」**ってなあに？

唇をムギュッと丸くすぼめたり、口角を横に引いたりするってこと。やりすぎると唇が痛くなるからリップを用意してね。

口を縦横に開くだけかと思ったら、すぼめることもあるんだね。
じゃあ**「舌の位置」**って？

舌を上あごに付けたり、先端を歯ぐきにタッチさせたり、引っ込めたりするよ。舌の位置で音がすごく変わるんだよ。

ふ〜ん。ぼくには**「表情筋の動かし方」**が一番難しいかも……。

はじめは難しいし、やりすぎると筋肉痛みたいになるかな。日本語ではあまり顔の筋肉を使わないから、若返り効果もあるかもね！

笑顔もよくなりそう。でも、なんだか難しそうだなあ。

そうかもしれないけど、こう考えてみて。
日本語に慣れてる私たちからすると英語は難しいよね。でも逆に外国人にとっては日本語のほうがずっと難しい。
最初は鏡を見ながら丁寧にゆっくり口を動かして、発音のしかたを体に覚えこませていこう。**1つ1つ練習していけば上手に発音できるようになるよ。**

わかった。がんばってみる！

慣れたら意識しなくてもできるようになるから、繰り返しやってみようね！

Let's get started! >>>

日本語の「エ」と「ア」の中間「エア」のような音、「つぶれた a」になります。「エ」の口の形で「ア」と言ってみましょう。日本語の「ア」を言う時よりもあごを大きく下げます。口角や舌に力を入れすぎないよう注意。

〈発音〉のポイント

ニコッと笑って口角を上げると前歯が見えるはず。その状態であごを下にストンと落とします。舌は平らにして舌先を下の歯の裏に付けたまま発音します。

a を発音してみよう

🔊 001 【æ】 りんご

apple

タ・タン♪

エァポォ
短く

「アッ・プ・ル」と「タン・タン・タン♪」の３拍ではなく、「エァ・ポォ」と２拍で発音する。口を横に引いて「エ」と「ア」の中間の音を出し、唇を軽く弾き「適当のＬ」（→ P50）で「ポォ」と伸ばす。

🔊 002 【æ】 質問する

ask

タン♪

エァスクッ
短く

「エ」と「ア」を混ぜた音「エァ」を強めに発音する。「s」と「k」は無声音で息のみを出す。のどから声を出さずに「スクッ」。

🔊 003 【æ】 帽子

cap

タン♪

キェアップッ
短く

「キャ」ではなく、唇を横に引き、あごを下げ、「つぶれたａ」を出して「キエァ」の音を出すと英語らしくなる。最後は唇を破裂させて「プッ」と息のみを出す無声音。

🔊 004 【æ】 敷物

mat

タン♪

ンマエァットゥッ
短く

日本語の「マ」ではなく、唇を横に伸ばす要領で「マエァ」と発音する。最後の「t」は舌で空気を止めて勢いよく出す、音なしの「トゥッ」。

🔊 005 【æ】 日本

Japan

タ・タン♪

ジャペエァンヌ
短く

最初の「Ja」はかなり短く弱く、「pan」を強く長めに発音する。「つぶれたａ」を強調して「ペエァ」。口を閉じず鼻から抜ける「ハミングのｎ」（→ P48）で終わる。

【e】
エ

日本語の「エ」に近い音。ほおや舌をリラックスさせたまま口を軽く縦に開けて「エ」と音を出します。口は日本語の「エ」よりもやや大きく開け、音は若干長めに。のどの奥から音を出すのがポイント。

〈発音〉のポイント

口をぽかんと開けた状態であごを少し下げて「エ」と言います。舌は平らにして舌先が下の歯の裏に付いた状態。【æ】と違ってあごを下げすぎないように。

e を発音してみよう

🔊 006 【e】 象

elephant

タ・タ・タン♪

エレフェァントゥッ
（エレ：短く　フェァ：短く）

「エ」の後、舌先を前歯の裏に当て「レ」で離すと「エレ」のような音が出る。前歯と下唇の間から息を出す「f」と「つぶれたａ」を合わせ「フェァン」とつなぎ、最後は無声音の「トゥッ」。

🔊 007 【e】 たまご

egg

タン♪

エェグッ

「エッ・グ」と２拍ではなく「エェグッ」で１拍。語尾の「g」は息をソフトに出して終わる。

🔊 008 【e】 ベッド

bed

タン♪

ベェェドゥッ

「ベェェ」と音を気持ち長めに伸ばし、「ドゥッ」は強く息を出さず、弱めに終わる。

🔊 009 【e】 ～を送る

send

タン♪

セェンドゥッ

「s」で歯の間から息を出し始め、そのまま「エ」の音を出す。鼻から抜ける「ン」の後、語尾の「ドゥッ」は弱めに終わる。

🔊 010 【e】 エレベーター

elevator

タ・タ・タン・ター♪

エレヴェィダr
（エレ：短く）

最初の「エ」にアクセントを置く。「レ」で前歯の後ろを舌で押して弾き「ヴェィ」へとリズムよく移行。最後は「ター」ではなく「r」の混じった「ダァ」の音に近い。

日本語の「イ」と「エ」の間のような音です。日本語の「イ」のように口を横に引かず、「エ」の口の形に近づけて短く「イ」とのどの奥から発音します。

〈発音〉のポイント

軽く口を開けた状態で、唇をわずかに左右に引いてリラックスしたまま発音します。舌は平らにして舌先が下の歯の裏に付いた状態。【e】ほど口を開きません。

i を発音してみよう

011 【i】 ～の中に

in

タン♪

イン ヌ

のどの奥から「エ」に近い「イ」を発音した後、「ハミングの n」で鼻から抜けるように「ン」を気持ち長めに出す。

012 【i】 それ

it

タン♪

イトゥッ

のどの奥から「エ」に近い「イ」を強めに発音した後、「トゥッ」で弱めに舌を弾く。文になると「t」の音が抜け落ち「イッ」で止まることが多い。

013 【i】 もし

if

タン♪

イフ

のどの奥から「エ」に近い「イ」を発音した後、「フ」で前歯を下唇に乗せ、勢いよく息を吐く。

014 【i】 大きい

big

タン♪

ビィグッ

「ビ」と勢いよく唇を破裂させ、のどの奥から「エ」に近い「イ」を出す。弱めの「g」で終わる。

015 【i】 doの過去形（～した）

did

タン♪

ディドゥッ

舌先を前歯の裏の歯ぐきに当てて弾き、勢いよく「ディ」を出す。語尾の「d」は強く音を出さず、音程を落とさず、ソフトに止める。

上下の唇をしっかり合わせて、勢いよく「ブッ」と音を出しながら息を破裂させます。息を一瞬せき止めてすばやく吐き出すイメージです。最後は口が軽く開いた状態に。
単語の途中や語尾の「b」は、唇を軽めに弾くソフトな音になります。

〈発音〉のポイント

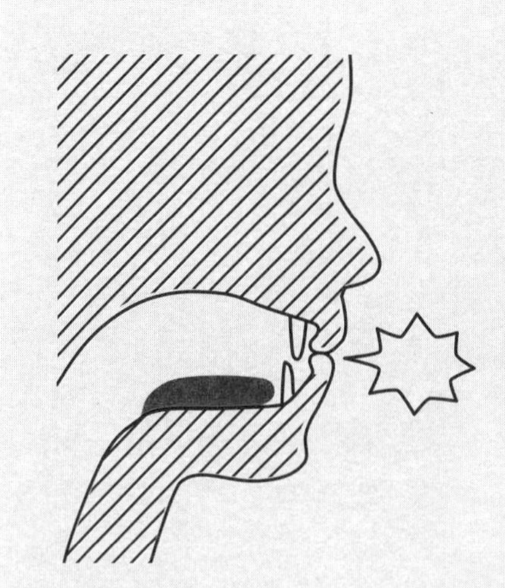

日本語の「ブ」(bu)のように母音(u)を入れないこと。はじめのうちは、ただ口を閉じるのではなく唇を少し内側へ巻き込むようにしてギュッと閉じてから、強く息を吐くようにすると発音しやすくなります。

b を発音してみよう

016 【b】 本

book

タン♪

ブックッ

「ブッ」と勢いよく唇を破裂させ、最後は無声音の「クッ」で息のみで終わる。

017 【b】 枝

branch

タン♪

ブゥラェァンチュッ

短く 短く

短い「ブ」の後すぐに舌を引いて「ゥラ」とうなる音を出す。「つぶれたa」と「ハミングのn」をはさみ、最後は無声音の「ch」で息のみ弾かせる。

018 【b】 ～について

about

タ・タン♪

ァバゥトゥッ

あいまいで弱めの「a」の音から始め、「バゥ」を強く発音。語尾の「t」は息のみで弱めに。

019 【b】 トラブル

trouble

タ・ター♪

トゥラボォ

短く

「tr」は「トラ」ではなく、「チュラ」に近い「トゥラ」をすばやく発音。「ble」は一瞬唇を合わせた後、「適当のL」で「ボォ」と伸ばす。

020 【b】 仕事

job

タン♪

ジァォブッ

短く

唇をやや前に突き出し、上あごを舌で弾いて「ジュ」と摩擦音を出す。「o」で口を縦に開け、短く「ア」と言い、語尾は「ブッ」と唇で息を破裂させる。

【p】 プッ p

【b】の音が出ないバージョン（無声音）。上下の唇をしっかり合わせて、勢いよく「プッ」と息のみをすばやく吐き出します。口の中からスイカの種を遠くへ飛ばすようなイメージ！
単語の途中や語尾の「p」は、唇を軽めに弾くソフトな音になります。

〈発音〉のポイント

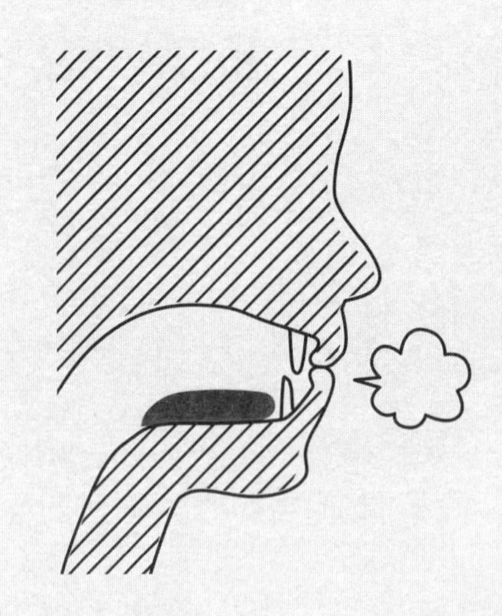

【b】と音の出し方は同じです。日本語の「プ」（pu）のように母音（u）を入れないこと。はじめのうちは、ただ口を閉じるのではなく、唇を少し内側へ巻き込むようにしてギュッと閉じてから、強く息を吐くようにすると発音しやすくなります。

p を発音してみよう

🔊 021 【p】 パンツ（ズボン）

pants

タン♪

ペェァンツッ

短く

「プッ」と唇で息を破裂させ、「エ」と「ア」の中間の「つぶれたa」へとつなげ「ペェァン」。息を吐きながら「ツッ」で終わる。

🔊 022 【p】 ピンク

pink

タン♪

ピィンクッ

息だけの破裂音「プッ」から「エ」に近い「イ」へとつなげて「ピィ」に。鼻から抜ける「ン」の音を出し「クッ」と息のみで終わる。

🔊 023 【p】 例

example

タン・タン・ター♪

イグゼェァンポォ

短く

「イ」と「エ」の中間音で「イグ」を速く弱めに発音。「z」と「つぶれたa」を合わせ「ゼェァン」までを一気に強く。軽く唇を合わせて離し「ポォ」と伸ばす。

🔊 024 【p】 ～を落とす

drop

タン♪

ドゥラップッ

短く

「ド・ロ」と2拍でなく「ドゥラ」をすばやく1拍で。「ラ」で口を開け、語尾は「プッ」と音のない破裂音で終わる。

🔊 025 【p】 ～を保つ

keep

タン♪

キィープッ

のどから息を出す「k」と唇を少し横に引く「イー」をつなげて「キィー」と音を出し、最後は唇を合わせ息を出す無声音の「プッ」を軽めに。

【m】 ンム m

「鼻音のｍ」。上下の唇を合わせて「ン」と声を出しながら、鼻に響かせて息を出します。この時、日本語の「ム」のように唇をとがらせず、「お口にチャック」で真一文字に閉じるのがポイント。特に語尾の「m」は「〜ンム」と音を長めに伸ばすときれいな発音になります。

〈発音〉のポイント

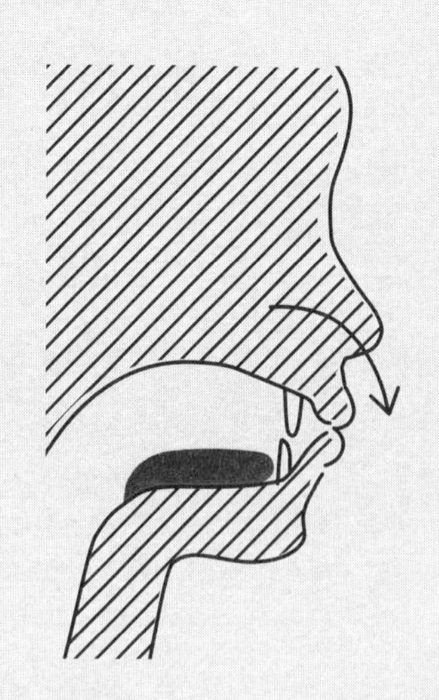

上下の唇をしっかりと閉じて、舌はリラックスしたまま鼻から息を抜きます。日本語話者は、音を伸ばしているつもりでも短すぎることが多いので、長めに音の余韻を残すこと。

m を発音してみよう

🔊 026 【m】 お金

money

タ・ター♪

ンマニィ

唇を合わせ、あたまに「ン」を入れて鼻に響かせて「ンマ」と出した後、すばやく鼻から抜ける音で「ニィ」。

🔊 027 【m】 牛乳

milk

タン♪

ンミォクッ

唇を合わせ、はじめに「ン」を入れて「ンミ」と発音し、すぐに口を「オ」の形に近づけ舌先を浮かせ「適当のＬ」、最後は無声音の「クッ」で終わる。

🔊 028 【m】 シンプルな、簡単な

simple

タン・ター♪

スィンポォ

日本語の「シ」ではない。「助走音のｓ」（→Ｐ76）で歯のすき間から「スー」と息を漏らし始め、「ィン」の音へとつなぐ。最後は「適当のＬ」で「ポォ」と伸ばす。

🔊 029 【m】 ～から

from

タン♪

フゥランム

短く

日本語の「フ」のように唇をとがらせず、上の前歯を軽く下唇に当て息を出す「f」から「ゥランム」へとつなげる。語尾は唇を合わせ「鼻音のm」で終わる。

🔊 030 【m】 いくつかの

some

タン♪

スァンム

「助走音のｓ」の後、あいまいな「ァ」を出し「スァ」を気持ち長めに発音。はっきり「ム」と言わず、唇をぱっと合わせ「ンム」と弱く鼻に響かせる。

【w】
ゥワ

口笛を吹く時のように唇をギュッと丸めて突き出し、「ウー」と音を出しながらすばやく唇をほどきます。音が変化して「ゥワ」という音になります。最初に唇に力を入れてとがらせることが大切。音を少し溜めて出すときれいな音が出ます。

〈発音〉のポイント

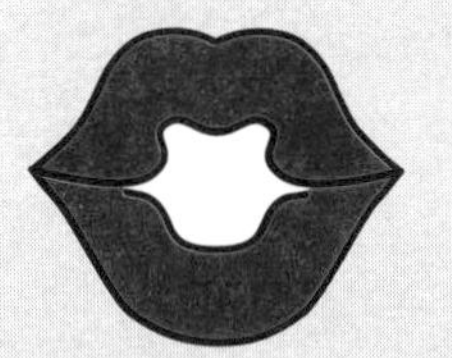

唇を小さくとがらせて前に出し、のどから勢いよく音を出すと同時に唇をふっと脱力させます。力を入れてからゆるめる「唇の動き」によってこの音が出ます。

w を発音してみよう

031【w】 isの過去形（～だった）

was

タン♪
ゥワズ

日本語の「ワ」ではなく、とがらせた唇を一気に脱力させると同時にのどの奥から「ゥワ」とあいまいな音を出す。歯のすき間から息を出す摩擦音「z」で弱めに終わる。

032【w】 willの過去形

would

タン♪
ゥワゥドゥッ

日本語の「ウ」よりも唇をとがらせた後、ふっとほどき「ワゥ」と長めに伸ばす。語尾の「d」は強く音を出さず軽く舌を弾いて終わる。

033【w】 ワイン

wine

タン♪
ゥワァィンヌ

とがらせた唇を一気に脱力させると同時にのどの奥から「ゥワ」と音を出し、すぐに「ァィ」へとつなげる。鼻から抜ける「n」の音で終わる。

034【w】 goの過去形（行った）

went

タン♪
ウェントゥッ

唇を「ウ」ととがらせた状態から、ふっと力を抜いて唇をほどくと同時に「ウェン」と音を出す。語尾はごく弱く「トゥッ」と息を破裂させる。

035【w】 泳ぐ

swim

タン♪
スウインム
短く

カタカナ読みの「スイム」にならないように。「助走音のｓ」の後、すばやく唇を丸めてほどき「ゥィ」。最後は弱い「鼻音のｍ」で終わる。

Step 1

【kw】クウワ qu

【k】（→ P64）と【w】をくっつけた音。唇を丸めた状態で、飴玉がのどに引っかかったようなイメージで、のどの空気の通りを止め、口の奥で強く「クッ」と息を出した後、「ウ」と音を出しながらすばやく唇をほどきます。すると「クゥワ」という音になります。

※「q」単体では「c / k」と同じ音ですが、「q」を含む単語の多くは「qu」です。

〈発音〉のポイント

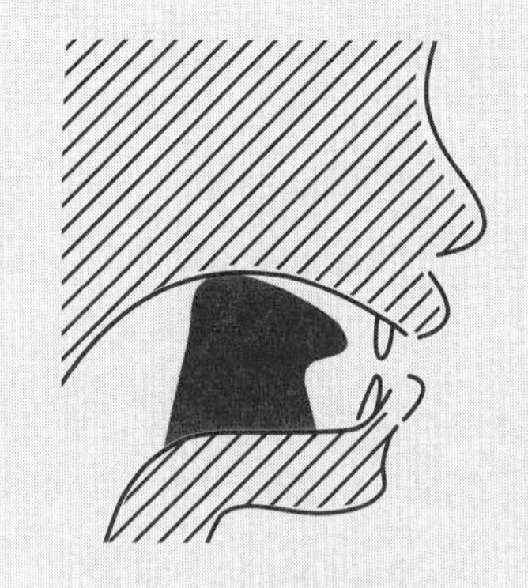

唇を小さくとがらせて前に出し、のどから勢いよく空気を出してすぐに唇をふっと脱力させます。「ク・ワ」と2拍でなく1拍ですばやく唇の形を変えます。

qu を発音してみよう

🔊036 【kw】 質問

question

タン・タン♪

クウェスチュンヌ

唇をとがらせてほどき「クウェ」と音を出し、歯のすき間から「ス」と息のみ吐く。唇を少し突き出し弱く短めに「チュン」。最後は「ハミングのｎ」で終わる。

🔊037 【kw】 キルト

quilt

タン♪

クウィゥトゥッ

唇を丸め「クウィ」と速く音を出し、「適当のＬ」をはさんで語尾は弱めの破裂音「トゥッ」で終わる。

🔊038 【kw】 静かな

quiet

タン・タン♪

クワァイエットゥッ

丸めた唇をほどきながら「クワァィ」となめらかにつなげて音を出す。１拍めを強めに、２拍めは弱めに「ェットゥッ」。文になると語尾の「トゥッ」が抜け落ちることがある。

🔊039 【kw】 早い

quick

タン♪

クウィックッ

唇を動かし「クウィ」と速く音を出し、のどと舌を使い「クッ」と息のみを出す。あたまの「ク」は日本語の「ク」のようにはっきり発音しない。

🔊040 【kw】 女王

queen

ターン♪

クウィーンヌ

唇をとがらせてゆるめながら「クウィー」と音を伸ばし、息を吐き続けながら鼻から抜ける「ハミングのｎ」で終わる。

【f】 **f**
フ

下唇の内側に上の前歯を軽く乗せ、お腹から勢いよく息のみを吐き出します（無声音）。日本語の「フ」とは違い、唇を前に突き出しません。前歯で下唇を強く噛みすぎて息の通りを妨げないように注意しましょう。

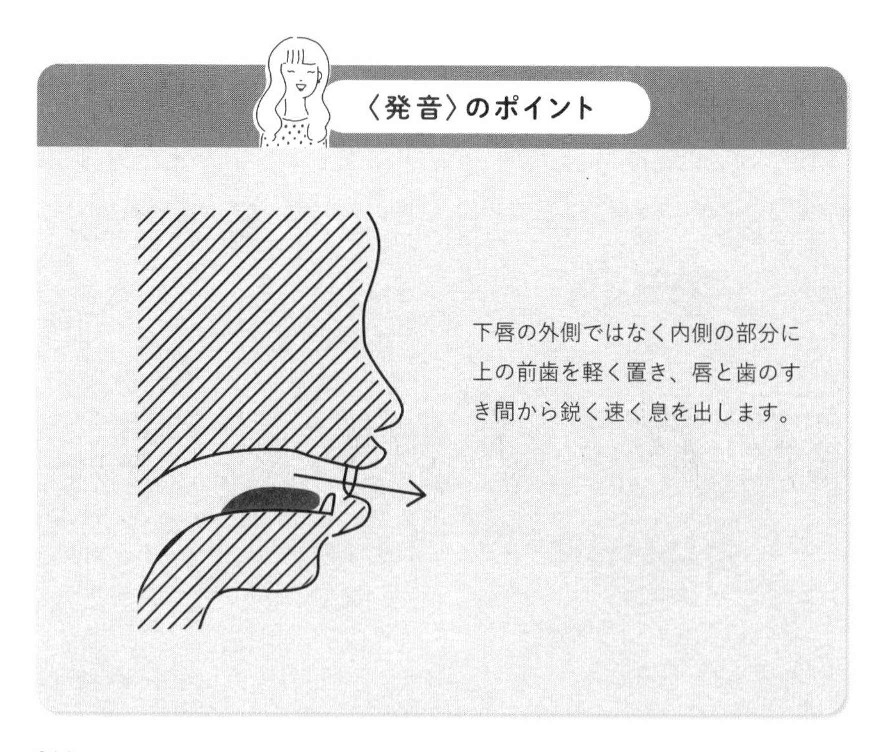

f を発音してみよう

🔊 041 【f】 家族

family

タン・ター♪

フェアンムリィ
短く

上の前歯を下唇に軽く当てて息を出す「f」と「つぶれた a」をつなげて「フエア」。短い「鼻音の m」の後、「i」を抜かし「l」へ移り舌先を弾いて「リィ」。

🔊 042 【f】 有名な

famous

タン・タン♪

フェィンメス

上の前歯を下唇に軽く当てて息を出し、「ェィ」へとつなげ「フェィ」。唇を合わせ「鼻音の m」を意識して「マ」に近い「メ」。語尾の「ス」は無声音で歯のすき間から息のみを出す。

🔊 043 【f】 左

left

タン♪

ンレフトゥッ

舌先を前歯の裏に押し付けて「ンレ」の音を出す。上の前歯を下唇に軽く当て、すき間から「フ」と息のみを出し、最後は舌を前歯の裏の歯ぐきに付け「トゥッ」と破裂させる。

🔊 044 【f】 美しい

beautiful

タン・タ・ター♪

ビュゥディフォ

破裂音「ブッ」から始め、唇を丸く突き出し「ビュゥ」と発音。t は音が変わるので弱く「ディ」または「リ」の音をはさみ、終わりは「適当の L 」で「フォ」と伸ばす。

🔊 045 【f】 葉

leaf

ターン♪

ンリーフ

「l」の音を意識し、舌先を前歯の裏に押し付けて「ンリー」で舌を引き下ろす。最後は弱めの「f」で上の前歯を下唇の内側に軽く当て息のみを出して終わる。

【v】ヴ　V

【f】の音が出るバージョン（有声音）。下唇の内側に上の前歯を軽く乗せたまま、息とともに「ヴ」と音を出します。下唇を噛むのではなく、あくまで軽く当てる程度にして息の流れをつくること。唇がブルブル振動するのを感じます。
日本語のように「ブイ」とは言わず、「ヴ」と１音になります。

〈発音〉のポイント

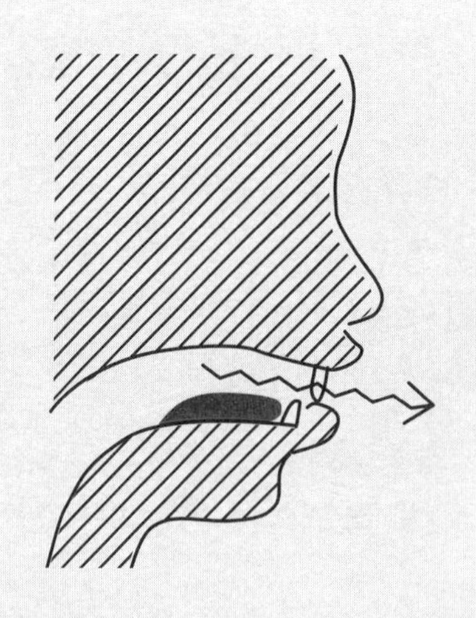

下唇の外側ではなく内側の部分に上の前歯を軽く置いたまま「ヴ」と言い、唇と歯のすき間から息を出します。【f】と違い、音が出るので、のどを触ると震えているはずです。

v を発音してみよう

046 【v】 とても

very

タン・ター♪

ヴェゥリィ

上の前歯を下唇に軽く当て、すき間から息を出しながら「ヴェ」で下唇を外へ弾く。舌先が口の中のどこにも触れないように後ろへ引き「ゥリィ」とこもった音を出す。

047 【v】 ～を避ける

avoid

タ・タン♪

ァヴォィドゥッ

口をあまり開けず、弱くあいまいな「ァ」を出し、上の前歯と下唇の間から「ヴッ」と息を吐き「ヴォィ」を発音。語尾は添えるようにソフトな「d」で終わる。

048 【v】 毎～、全ての

every

タン・ター♪

エヴリィ

口元をリラックスさせて「エ」、上の前歯と下唇の間から摩擦音「ヴ」を出し、下唇を外へ弾く。舌を引き「リィ」とこもった音を出す。「エ・ブ・リ」と3拍にならず「エヴ・リィ」と2拍。

049 【v】 獣医

vet

タン♪

ヴェットゥッ

上の前歯を下唇に軽く当て、すき間から息を出しながら「ヴェッ」で下唇を外へ弾く。語尾は弱めに無声音の「トゥッ」。

050 【v】 価値

value

タン・ター♪

ヴァゥリュゥ

上の前歯を下唇に軽く当て、すき間から息を出しながら唇を少し横に引き「ヴァ」の音を出す。舌先を前歯の裏に動かし「l」をはさみ、唇を丸め「ゥリュゥ」となる。

【n】
ンヌ

n

「ハミングのｎ」。舌先を上の前歯の裏の歯ぐきに当てたまま、鼻から抜けるように「ン」と音を出します。「そんな」を「ん」で止めた時の舌の位置です。鼻に響く余韻を少し長めに残すのがポイント。

〈発音〉のポイント

口を少しだけ開けたまま、舌先を前歯の裏の歯ぐきに当て、ハミングする時のように鼻に響かせて音を出します。

n を発音してみよう

051 【n】 素敵な

nice

タン♪

ンナァィス

舌先を前歯の裏の歯ぐきに当て、鼻から抜けるように「ンナ」を出し、スムーズに「ァィ」へとつなげる。語尾の「ス」は音の出ないすき間音。

052 【n】 名前

name

タン♪

ンネエインム

舌先を前歯の裏の歯ぐきに当て、「ハミングのｎ」で「ンネ」、そのまま「ェィ」へとつなげ、長めに伸ばす。「ンム」は唇を閉じて鼻から抜ける弱い音を出す。

053 【n】 ～でない

not

タン♪

ンナットゥッ

鼻から音を出すように「ハミングのｎ」、すぐに口を縦に開け「オ」の音に近い「ア」を発音して「ンナッ」。最後は「トゥッ」と軽めに舌を弾いて終わる。

054 【n】 北

north

タ～ン♪

ンノォr*ス（ォr：短く）

「ハミングのｎ」で始め、すぐに口を縦に開け「ノォ」と舌を引きながら音を伸ばす。最後は音の出ない「th」、舌先を歯と歯の間ではさむようにして強く息を吐く。

055 【n】 駅

station

タン・タン♪

ステェィシュンヌ（ス：短く）

歯のすき間から「ス」と息を漏らした後、上あごを舌で弾く破裂音「t」から、なめらかに「テェィ」の音へとつなげる。「シュ」で息を多く出しながら最後は「ハミングのｎ」で終わる。

*は、カタカナ表記不可。

【l】
ウル／ウオ

口を軽く開けた状態で、日本語の「ラ」を言う時よりも強め・長めに舌先を前歯の裏（または歯ぐき）に押し当てます。そのまま声を出すと「ウ」と「オ」の間のような音が出ます。単語のあたまの「l」は少し音を溜めて出します。

単語の途中や語尾の「l」は舌先をしっかり歯に押し当てず位置があいまいな「適当のＬ」になります。動画で解説します（→Ｐ119）。

〈発音〉のポイント

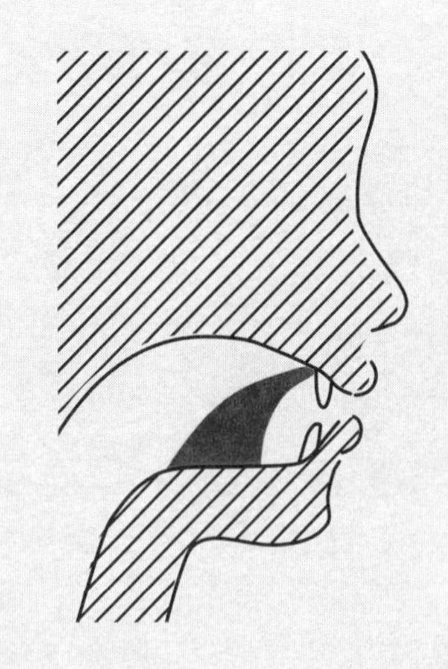

舌の先端のみを前歯の裏の歯ぐきの近くにグッと押し付け「ゥ」とのどの奥から発音します。次の母音の発音に移る時に舌先を弾くと「ゥル」という音が出ます。

単語の途中や最後にある「l」は、単語によって舌先を歯の裏に付けず近づけるだけの怠けた「l」になります。

l を発音してみよう

056 【l】 レモン

lemon

タ・タン♪

ンレメンヌ

舌先を前歯の裏に押し付け、少し音を溜めて「ンレ」で舌を引く。「モン」ではなく、「o」を抜かし「m」から「n」に音をつなげるイメージで、「メンヌ」と鼻に響かせる。

057 【l】 ランチ

lunch

タン♪

ンランチュッ

舌先を前歯の裏に押し付けて、少し音を溜めてから「ンラ」で舌を引く。「ハミングのｎ」をはさみ、語尾は唇を軽く突き出し息のみで短く「チュッ」。

058 【l】 プラン

plan

タン♪

プラエァンヌ

短く 短く

唇を弾いて「プッ」と息のみを出し、すばやく舌先を前歯の裏に動かし「l」の音につなぐ。口を横に引き「つぶれたａ」を入れ「ラエァン」と長めに発音。「ハミングのｎ」で終わる。

059 【l】 〜だろう

will

タン♪

ゥウィォ

「ウィ・ル」と２拍にならず１拍の短い音。とがらせた唇を一気に脱力させて「ゥウィ」を出し、すぐに「l」へとつなげる。語尾は「適当のＬ」で「ウィォ」とあいまいな音になる。

060 【l】 病院

hospital

タン・タ・ター♪

ハスピダォ

お腹から息を吐きながら口を開けて「ハ」と出し、息のみの「s」へと速くつなげ「ハス」。短い「ピ」をはさみ、最後は「音が変わるｔ」と「適当のＬ」で「ダォ」と伸ばす。

【d】
ドゥッ

d

舌の先半分くらいを前歯の裏の歯ぐきにピタッと当て、空気の流れを止めるように押し当てます。舌先を勢いよく離すのと同時に「ドゥッ」と音を出します。
単語の途中や語尾の「d」は、舌を軽めに弾く弱い音になります。

口は軽く開き唇を軽くとがらせます。舌先を前歯の裏の歯ぐき（上あご）に置いて圧をかけた後、音を出しながら舌先を勢いよく弾き下ろします。

d を発音してみよう

🔊 061 【d】 ドア

door

タ〜ン♪

ドォァr

舌を前歯の裏の歯ぐきに当てて「ドゥッ」と勢いよく弾き、すぐに「ォァ」の音へと移り「ドォァ」。日本語の「ドア」ではなく、「ァ」で舌を奥へ引き「r」の音を入れる。

🔊 062 【d】 医者

doctor

タン・ター♪

ダァォクタr
（ダァォ：短く）

舌を前歯の裏の歯ぐきに当てて勢いよく弾き「ダ」に近い「ド」を発音し、のどから息のみを出す「ク」へとつなげる。最後は口をすぼめ舌を浮かせて「r」の音を入れ「タァ」とこもった音。

🔊 063 【d】 窓

window

タン・タ〜♪

ゥウィンドォゥ

唇を丸くとがらせてほどき「ゥウィ」と音を出す。「ハミングのｎ」をはさみ、舌を弾きながら「ドォゥ」。「ドー」ではなく「ォゥ」と音の変化をつける。

🔊 064 【d】 孫

grandchild

タン・タン♪

グゥラェァンドゥッチャイォドゥッ
（グゥラェァ：短く）

「grand」で１拍、「child」で１拍とそれぞれあたまに強勢を置き、リズムよく発音する。「grand」の「d」は抜け落ち、「child」の語尾も消えるか、ごく弱い「d」になる。

🔊 065 【d】 〜と

and

タン♪

ェァンドゥッ
（ェァ：短く）

「ア」ではなく「ェァ」と、「エ」と「ア」の中間の音を出した後、鼻から抜けるように「ン」、語尾の「d」は音程を落とさずに「ドゥッ」と舌を弾く。

【t】 トゥッ t

【d】の音が出ないバージョン（無声音）。舌の先半分くらいを前歯の裏の歯ぐきにピタッと押し当て、空気の流れを一瞬止めるようにします。舌先を勢いよく離すのと同時に「トゥッ」と息のみを出します。

単語の途中や語尾の「t」は、音の変化や脱落が起こることがあります。

〈発音〉のポイント

【d】と音の出し方は同じです。口は軽く開きます。舌先を前歯の裏の歯ぐき（上あご）に置いて圧をかけた後、息だけを出しながら舌先を勢いよく弾き下ろします。

t を発音してみよう

066 【t】 テスト

test

タン♪

テストゥッ

舌で上の歯ぐきを弾きながら力強く息を出し「テ」、歯のすき間から息を漏らし「ス」へとつなげる。最後は弱めの無声音で、のどから声は出さずに「トゥッ」。

067 【t】 チケット

ticket

タ・タン♪

ティキットゥッ

日本語の「チ」でなく息を破裂させ「ティ」。「キ」と「ケ」の間のあいまいな音をはさみ、終わりの「トゥッ」は強く舌を弾かず弱めに。会話ではよく音が抜けて「ティキッ」になる。

068 【t】 冬

winter

タン・ター♪

ゥウィンタr

唇を前に出してすばやく引き「ゥウィ」。「ハミングのn」を短く入れ、舌先で上の歯ぐきを蹴り「タァ」とこもった音を出す。

069 【t】 バスケットボール

basketball

タン・タン・ターン♪

バェアスケットゥッボォ

短く

破裂音「b」に「つぶれたa」を合わせて「バェア」を強めに発音。歯のすき間から息を出す「ス」へとつなぐ。「ケット」ではなく「ケッ」で音を止めるか、ごく弱い「トゥッ」をはさむ。「適当のL」で「ボォ」と伸ばして終わる。

070 【t】 部分

part

タ～ン♪

パァrトゥッ

音なしの破裂音「p」で始まり、口を開けて「ァ」の音を伸ばし、途中で舌を後ろへ引き「r」のこもった音に変える。語尾はごく弱めに舌を弾き「トゥッ」。

【r】
ウラ / r　**r**

唇を少し丸め、舌の付け根を口の奥側へグッと引き、のどに響かせて音を出します。犬が怒ってうなるようなこもった音です。この時、舌先が口の中のどこにも触れないようにするのがポイント。

〈発音〉のポイント

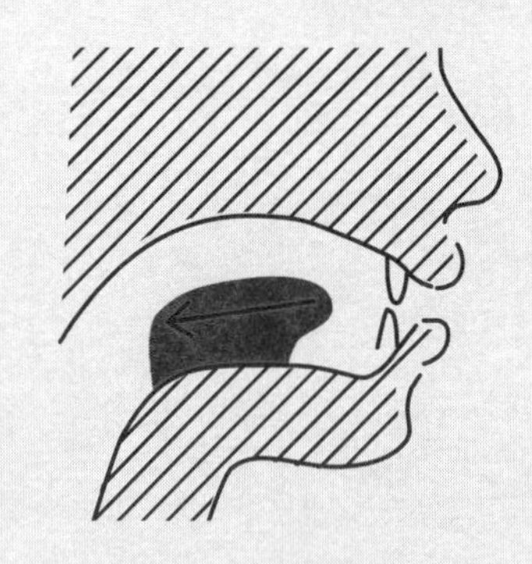

唇を軽く前に出し、舌の根元の部分を奥へ引くようにしてこもった音を出します。舌先は宙に浮いたままどこにも付きません。「r」から始まる単語は特に、単語のあたまに小さい「ゥ」を付けて練習するとうまく発音できます。

r を発音してみよう

071【r】 ～を読む

read

ターン♪

ゥリードゥッ

軽く唇を丸め舌を奥へ引き、短い「ゥ」の音を付けて「r」の音を出し、唇を横に引きながら「リー」と音を伸ばす。最後の「ドゥッ」は弱めの音で終わる。

072【r】 本当に

really

タン・ター♪

ゥリァリィ

最初に「ゥ」の口から始め、舌の根元を後ろに引いて「r」の音を出し、口角を軽く横に引いて「リァ」。「l」で舌先を前歯の後ろに当てて引き「リィ」と伸ばす。

073【r】 噂

rumor

タン・ター♪

ゥルゥマr

唇をとがらせ舌を宙に浮かせたまま「ゥルゥ」と発音した後、「モア」ではなく口を少しだけ開けて「マァ」とあいまいな音を出す。

074【r】 ～の周りに

around

タ・タン♪

ァゥラゥンドゥッ

あいまいで短い「ァ」を出し、すばやく唇をとがらせ舌を奥へ引き「ゥラゥン」と抑揚をつけて音を出す。語尾の「ドゥッ」は弱い破裂音で終わる。

075【r】 正しい

correct

タ・タン♪

コゥレクトゥッ

のどから息を送りながら「カ」に近い「コ」の音を弱く短く出す。うなる「r」で「ゥレ」を強めに出し、最後は無声音の弱い「クトゥッ」で止める。

【dʒ】
ジュッ

上下の歯を合わせた状態で唇を突き出します。舌の先端を上あごに当て、力を入れて空気の流れを止めた後、一気に舌を弾き、息を強く速く吐き出して「ジュッ」とのどを震わせながら破裂音を出します。

〈発音〉のポイント

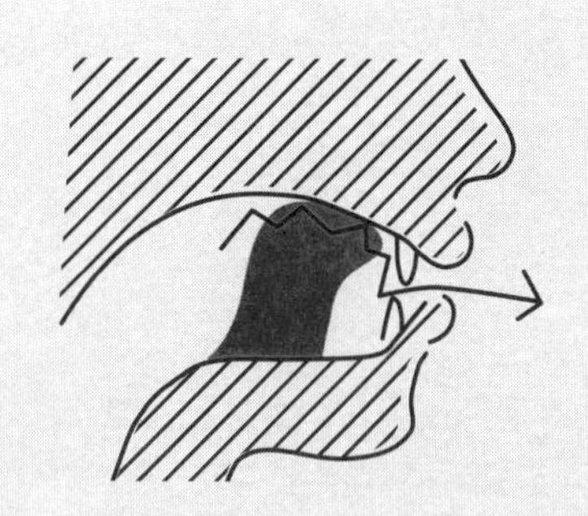

唇を突き出し、舌の先端を上あご（前歯の歯ぐきより少し後ろ）に付けて圧をかけ、空気をせき止めます。息を吐きながら勢いよく舌を離す瞬間に発音します。

j を発音してみよう

🔊 076 【dʒ】 上着

jacket

タ・タン♪

ジェァケットゥッ

短く

舌を勢いよく弾いて「ジェァ」の音を強めに出す。語尾は「トゥッ」とごく弱く舌を弾くか、または「ケッ」で息を止めて終わる。

🔊 077 【dʒ】 ジャム

jam

タン♪

ジェアンム

短く

舌を勢いよく弾いて引く「ジェア」を長めに出す。「ン」の音を溜めるようにし、最後は唇をしっかり閉じ、鼻から抜けるような音で終わる。

🔊 078 【dʒ】 妬ましい

jealous

タ・タン♪

ジェレス

舌と上あごの間で息を破裂させる「ジェ」の後、前歯の裏側に舌先を付けて離し「ラ」に近い「レ」を出し、歯のすき間から息を吐く無声音「ス」で終わる。

🔊 079 【dʒ】 瓶

jar

タ～ン♪

ジャァr

舌と上あごの間で息を破裂させる「ジャ」の後、すぐに口を少し開けて「ァ」、次に舌の付け根をのどの奥へ引き、「r」の入ったこもった音「ァ～」に変化させる。

🔊 080 【dʒ】 科目

subject

タン・タン♪

スァブジェクトゥッ

「助走音のｓ」で始める「スァ」に弱めの破裂音「ブ」を速くつなげ、「スァブ」。舌を勢いよく弾く「ジェ」の後、無声音の「クトゥッ」で弱めに終わる。

【j】
イュ

口をわずかに開け、日本語の「ギ」を言う時の口の形にして、のどから「ィュ」と言います。「ィャ」にも近い音です。口角を「イー」と横に引っぱらないように注意します。舌先は下の前歯の後ろ、舌の両端は盛り上がり上あごに近づきます。その舌と上あごのすき間から出る摩擦音です。

〈発音〉のポイント

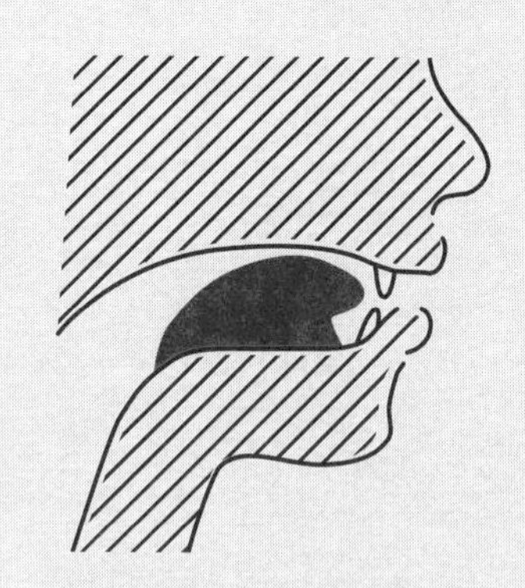

口は日本語の「イ」の口よりも少し縦長に開け、舌先は下げたまま舌の表面を上の歯ぐきギリギリに接近させ、のどに響かせて音を出します。こすれたような「ィュ」の音が出ます。

y を発音してみよう

081 【j】 庭

yard

タ～ン♪

イヤア r ドゥッ

「イヤ」を倍速で言うイメージで「ィャ」を出し、すぐに口を少し開けて「ァ」、次にこもった「ァ～」へと２段階で音を変化させる。語尾の「ドゥッ」はごく弱い音で終わる。

082 【j】 まだ

yet

タン♪

イエッ トゥッ

唇を少し横に引き、「イエ」を倍速で言うイメージで「ィエッ」と勢いよく発音した後、舌先を上あごにつけ、息を止めた状態から「トゥッ」と軽く息を出す。

083 【j】 黄色

yellow

タ・タ～♪

ィェロオゥ

唇を少し横に引き、のどから「ィェ」を出した後、舌先を前歯の裏に当てて引きながら「ロオゥ」へとつなげる。語尾は「オー」と伸ばさず「オゥ」となる。

084 【j】 昨日

yesterday

タン・タ・タ～♪

ィェスタ r デェィ

「ィェス」をすばやく発音。舌先を前歯の裏の歯ぐきに当てすぐに後ろへ引き、こもった音「タ r」を短く出す。最後は「デー」でなく「デェィ」と音に丸みをつける。

085 【j】 年

year

タ～ン♪

イヤア r

口は「ギ」を言う時の形で舌の両端を上あごに近づけ、のどからねちっこい「ィャ」の音を強めに出した後、音程を下げ、舌を奥に引きながら「ァ r」とこもった音を出す。

【ks】 クス X

【k】（→ P64）と【s】（→ P76）をくっつけた音。飴玉がのどに引っかかったようなイメージでのどの空気の通りを止め、のどから強く「クッ」と息を出した後、すばやく上下の前歯を軽く噛み合わせて歯のすき間から勢いよく息を吐き出すと、「クス」という音になります。声でなく息のみを出しましょう。

〈発音〉のポイント

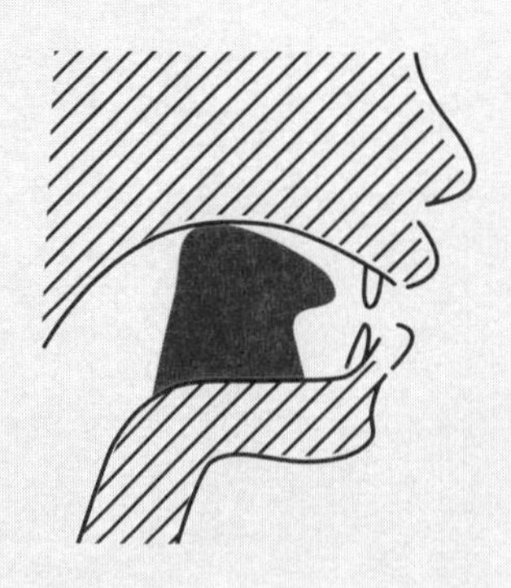

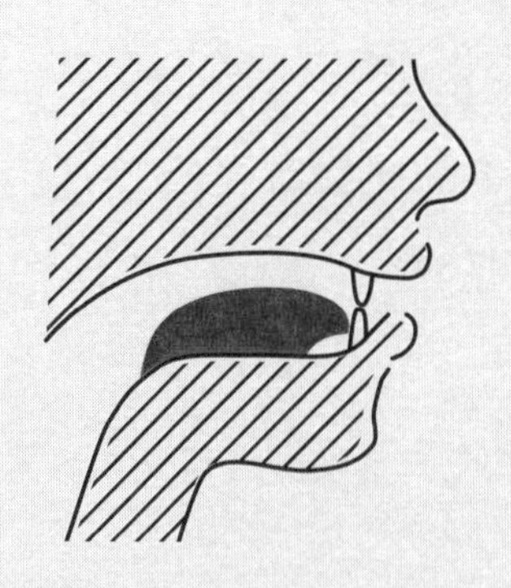

口はわずかに開け、唇はリラックスしたままのどから「クッ」と息を出すのとほぼ同時に上と下の前歯を合わせ、お腹から勢いよく「ス」と息を漏らします。どちらも無声音。

X を発音してみよう

086 【ks】 箱

box

タン♪
バァォクス
短く

唇を使い「バァォ」と破裂音を出し口を縦に開ける。音を出さず、ささやくように無声音の「クス」で終わる。日本語の「ク」や「ス」のように母音「ウ」の音が入らないように。

087 【ks】 ～を直す

fix

タン♪
フィクス

下唇に上の前歯を軽く乗せて勢いよく息を吐いて「フィ」。音を出さず、ささやくように無声音の「クス」で終わる。

088 【ks】 税金

tax

タン♪
タエァクス
短く

舌先を前歯の裏の歯ぐきに当てて息を出しながら弾く「t」に「つぶれたａ」をつなげて「タエァ」を発音。息のみの無声音「クス」を弱めに出す。

089 【ks】 タクシー

taxi

タン・ター♪
タエァクスィ
短く

途中までは「tax」と同じ。日本語の「タ」でなく「エァ」の音を意識して発音する。最後は無声音の「クス」につなげて「ィ」の音を出し「スィ」と伸ばす。

090 【ks】 教科書

textbook

タン・タン♪
テクストゥッブックッ

舌で上の歯ぐきを弾きながら力強く息を出す「テ」から、無声音の「クス」へとつなげ、ごく弱い「トゥッ」。舌を弾かず「テクスッ」で止めることも。「book」はP35を参照。

【k】 クッ c/k

日本語の「カ行」を母音を入れずに息のみで出す無声音。飴玉がのどに引っかかったようなイメージでのどに力を入れて空気の通りを一瞬せき止めた後、「クッ」とお腹から勢いよく息を吐きます。

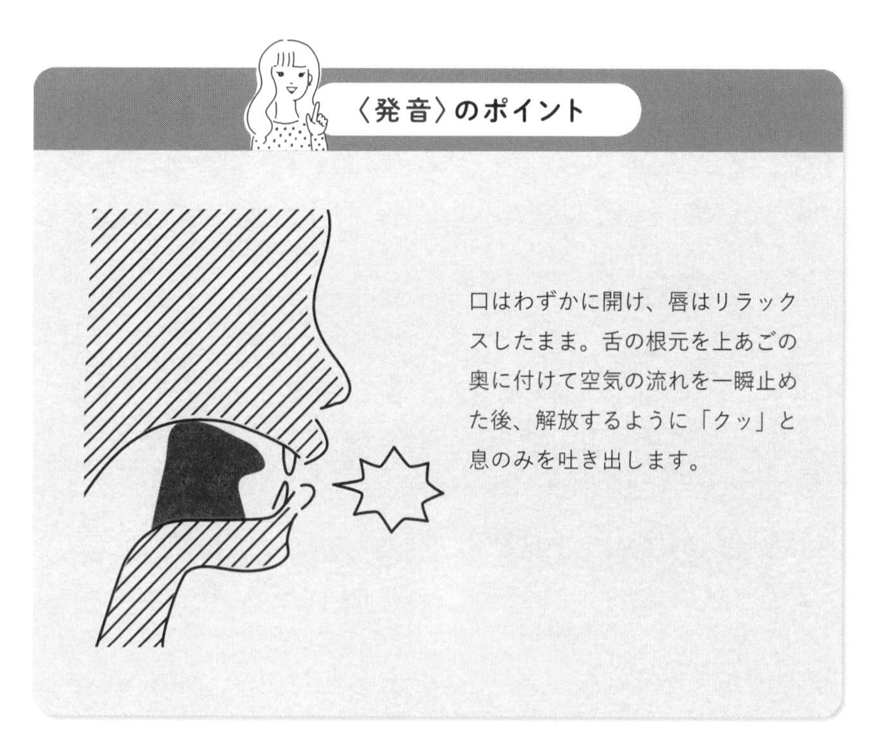

〈発音〉のポイント

口はわずかに開け、唇はリラックスしたまま。舌の根元を上あごの奥に付けて空気の流れを一瞬止めた後、解放するように「クッ」と息のみを吐き出します。

c / k を発音してみよう

091 【k】 猫

cat

タン♪
キェアットゥッ
短く

のどを一瞬しめるイメージで「クッ」と息を出しながらあごを下げ、「つぶれたａ」の音を意識して「キェアッ」と音を出した後、弱めの「トゥッ」で終わる。

092 【k】 カレッジ

college

タ・タン♪
カレッジュッ

のどを一瞬しめてから息とともに「カ」を出した後、舌先を前歯の裏に当てて引きながら「レッ」。上下の歯の間から息を出す「ジュッ」へとなめらかにつなげる。

093 【k】 ～を蹴る

kick

タンッ♪
キィックッ

のどに力を入れて勢いよく息を出しながら、口角を横に引きすぎずに「キィッ」をやや長めに発音。最後は無声音の「クッ」でのどから息のみを出す。

094 【k】 話す

talk

ターンッ♪
タォークッ

舌先で上あごを勢いよく弾く「t」に、口を縦に大きく開ける「ア」をつなげ「タォ」。最後は無声音の「クッ」で息のみで終わる。

095 【k】 病気

sick

タンッ♪
スィックッ

「助走音のｓ」で歯のすき間から「スー」と息を漏らし始め、「ィ」の音へとつなぐ。語尾の「クッ」はのどに力を入れて息のみを出す。

【g】 グッ g

【k】の有声音バージョン。日本語の「ガ行」を母音を付けずに声に出した音です。飴玉がのどに引っかかったようなイメージでのどに力を入れて空気の通りを止め、「グッ」とお腹から勢いよく息を吐きます。
単語の途中や語尾の「g」は、弱いソフトな音になります。

〈発音〉のポイント

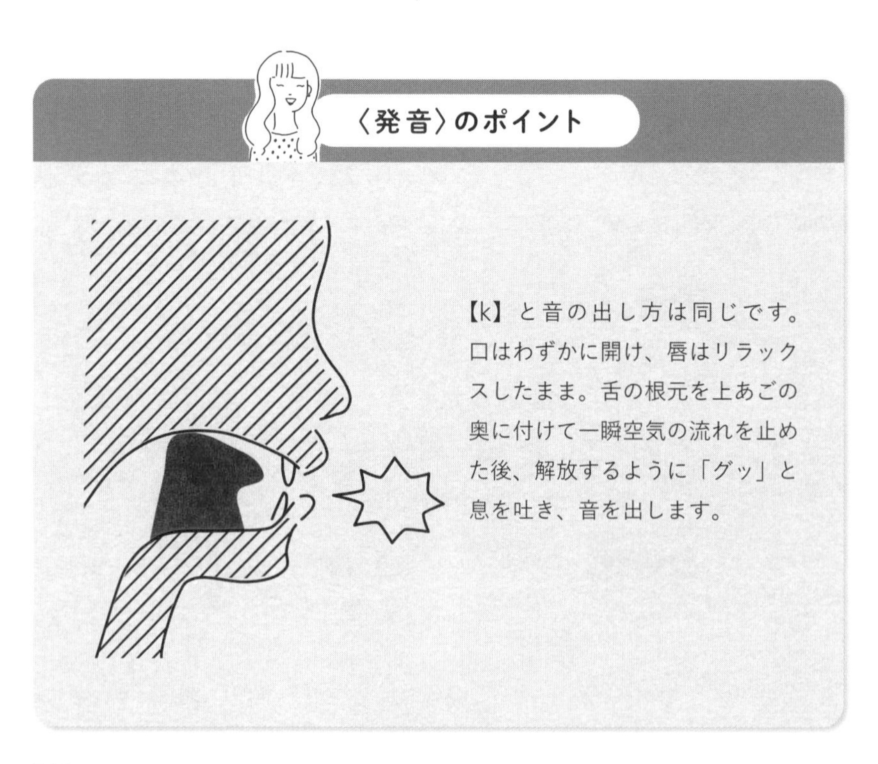

【k】と音の出し方は同じです。口はわずかに開け、唇はリラックスしたまま。舌の根元を上あごの奥に付けて一瞬空気の流れを止めた後、解放するように「グッ」と息を吐き、音を出します。

g を発音してみよう

096 【g】 良い

good

タンッ♪

グゥゥドゥッ

カタカナ英語の「グッド」ではない。お腹とのどに力を入れて「グゥゥ」と気持ち長めに音を出す。語尾の「d」は強く音を出さず、音程を落とさずソフトに止める。

097 【g】 手袋、グローブ

glove

タン♪

グラヴ
短く

短い「グ」の後、すばやく舌先を前歯の後ろに置き「l」の音へ移り「グラ」。「ラ」で舌を弾き、語尾は上の前歯と下唇の間から摩擦音「ヴ」を出し弱めの音で終わる。

098 【g】 ゴルフ

golf

タン♪

ゴォフ

お腹とのどに力を入れて「ガ」に近い「ゴ」を出し口を開ける。「適当のＬ」をはさみ、無声音の「フ」で息のみを出して終わる。

099 【g】 ～を始める

begin

タ・タン♪

ビギィンヌ

唇を弾く破裂音の「ビ」の後、のどに力を入れ「ギィ」を強めに発音する。語尾は「ハミングのｎ」で鼻から抜けるような「ンヌ」。

100 【g】 脚

leg

タンッ♪

ンレェグッ

舌先を前歯の裏に押し付けて、少し音を溜めてから「ンレ」で舌を下ろす。「レ」の音を気持ち長めに出す。語尾の「g」はソフトに終わる。

【ɑ】
アオ

O

スペルは「o」でも発音記号は【ɑ】で、日本語の「ア」に近い「オ」の音になります。あごを下げ、指が2本入るくらい縦に口を開けます。のどに響かせるように「ア」と「オ」の中間の音を出します。この時、唇が丸まり、前に出ないように注意します。

〈発音〉のポイント

「オ」の口で「ア」と言うイメージですが、日本語の「オ」を言う時よりも口を縦に大きめに開けます。あくびをする時のように、のどをしっかり開いて音を出します。

o を発音してみよう

🔊 101 【ɑ】 タコ

octopus

タン・タ・タン♪

アオクタァパス
（アオ：短く）

口を縦に大きく開け強めに「アォ」の音を出した後、音なしの「ク」をつなげて、「アォク」。短い「タァ」をはさみ、あまり口を開けずに「パス」。

🔊 102 【ɑ】 鍵を閉める

lock

タンッ♪

ンロアオッククッ
（アオ：短く）

舌先を前歯の裏に押し付けて「ンロ」で舌を引き下ろす。「ロアォ」で口を縦に大きく開け、最後は無声音の「クッ」で、のどから息のみを出す。

🔊 103 【ɑ】 暑い

hot

タンッ♪

ハアオットゥッ
（アオ：短く）

温かい息を吐く時のような音なしの「ハ」で始まり、口を縦に開けて「ア」寄りの「オ」をはっきり発音する。語尾は弱めに息のみの「トゥッ」で終わる。

🔊 104 【ɑ】 ノックする

knock

タンッ♪

ンナアオックッ
（アオ：短く）

あたまの「k」は発音しない。「ハミングのn」で始まり「ナ」に近い「ノ」の音へとスライドさせる。「ナアォ」で口を縦に開け、最後は舌の根元を上あごの奥に付け、息を破裂させて終わる。

🔊 105 【ɑ】 靴下

socks

タン♪

ソアオックス
（アオ：短く）

「助走音のs」で歯のすき間から「ス」と息を漏らし始め、口を縦に開けのどを開き「アォ」を強めに発音する。最後はささやくように無声音の「クス」で終わる。

Step 1

【ʌ】
アッ

u

口は指1本分くらい軽く開き、のどの奥から「アッ」と短い音を出します。不意に胸をこぶしで叩かれた時に出る音のイメージ。口を開けすぎずにやや低めの音を出すのがポイント。

〈発音〉のポイント

口は大きく開けず半開きにして、のどの奥のほうから勢いよく短い「アッ」の音を出します。

u を発音してみよう

106【ʌ】 傘

umbrella

タン・タン・タン♪

アンブゥレェラ

短く

短い音「ァン」で１拍、２拍めですばやく「ブゥレ」、３拍めは舌先を前歯の裏に置いて弾き「ェラ」。これをリズムよくつなげる。

107【ʌ】 上に

up

タン♪

アッブッ

口を少しだけ開け、のどから短い音「ア」を出す。唇で息を破裂させる無声音の「プッ」で終わる。

108【ʌ】 虫

bug

タン♪

バグッ

破裂音「b」に短い「ア」をつなげ、のどの奥から「バ」と音を出す。口はあまり開けない。語尾の「g」は息とともに弱く「グッ」と音を出して終わる。

109【ʌ】 ～を切る

cut

タン♪

カットゥッ

のどから息のみを出す「c」に短い「ア」をつなげ、のどの奥から「カッ」と音を出す。口はあまり開けない。語尾の「トゥッ」は弱い破裂音で会話ではほぼ聞こえない音。

110【ʌ】 ～の下に

under

タン・ター♪

アンダr

のどから出す短い「ア」から「ハミングのn」へつなげ、舌先で上あごを弾いたらそのまま舌を後ろへ引き「ダァ」とこもった「r」の音を伸ばす。

【h】
ハ

h

「助走音のｈ」。口は少し開け、舌は下げてリラックスしたまま、寒い時に手に温かい息を吹きかける時のように「ハ」と息を吐きます。お腹に力を入れ、声は出さずに息のみを強くたくさん出します。

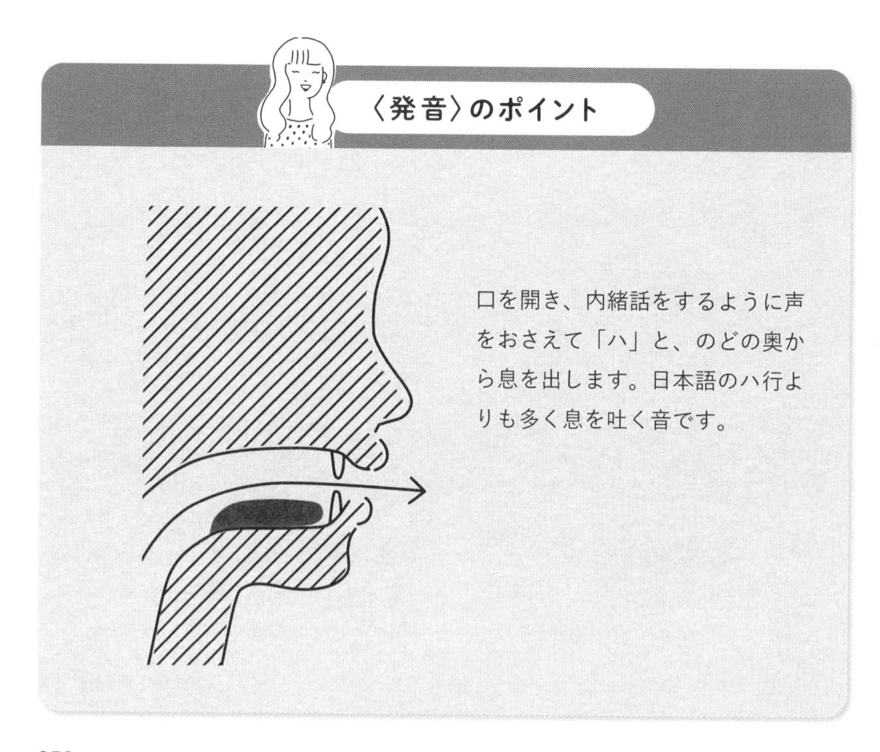

口を開き、内緒話をするように声をおさえて「ハ」と、のどの奥から息を出します。日本語のハ行よりも多く息を吐く音です。

h を発音してみよう

111 【h】 家

house

タン♪

ハァゥス

温かい息を吐くような音なしの「ハ」で始め、口を開けて「ァ」、徐々に閉じて「ゥ」となめらかにつなげ「ハァゥ」。語尾は歯のすき間から息を出す無声音「ス」で終わる。

112 【h】 頭

head

タン♪

ヘェェドゥッ

「助走音のｈ」で息のみを吐き出してから「ェ」で音を出す。「ヘェェ」と気持ち長めに音を伸ばす。語尾の「d」は強く音を出さず、音程を落とさずソフトに止める。

113 【h】 手

hand

タン♪

ヘェァンドゥッ
短く

「助走音のｈ」でお腹からたっぷり息を吐き始め、あごを下げ「つぶれたａ」に移り「ヘェァン」とつなげる。語尾の「ドゥッ」は弱い音で終わる。

114 【h】 幸せな

happy

タ・ター♪

ヘェァピィ
短く

「助走音のｈ」でお腹からたっぷり息を吐き始め、あごを下げ「つぶれたａ」を合わせ「ヘェァ」と強めに発音する。「ピィ」で唇を軽く破裂させて終わる。

115 【h】 ～を持っている

have

タン♪

ヘェアヴ
短く

「助走音のｈ」で息を吐き出しながら「つぶれたａ」を発音し「ヘェァ」をやや長めに出す。上の前歯と下唇の間から摩擦音「ヴ」を出し弱めの音で終わる。

【z】
ズ

Z

上下の歯を軽く噛み合わせ、唇は突き出さず力を抜きます。合わせた歯のすき間から勢いよく息を吐き出し「ズ」と音を出します。歯と舌先にバイブレーションのような振動を感じるはずです。

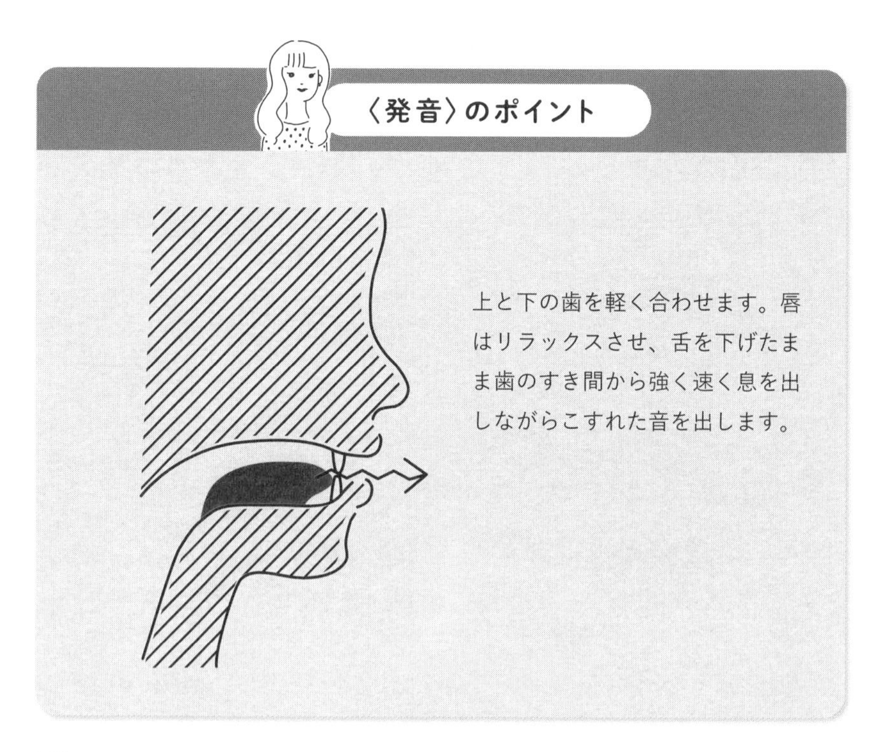

z を発音してみよう

116 【z】 0（数字）

zero

タン・ター～♪

ズィゥロゥ

歯のすき間から息を出す摩擦音「z」で「ズィ」と発音した後、口をすぼめ、舌の根元を奥へ引きながら「ゥロゥ」。

117 【z】 ジッパー

zipper

タン・ター♪

ズィッパr

歯のすき間から息を出す摩擦音「z」で「ズィ」と発音した後、上下の唇を合わせて息を破裂させてから「パ」。最後は「r」の入ったこもった音を出す。

118 【z】 動物園

zoo

ター♪

ズゥ

上下の歯を合わせ、すき間から勢いよく息とともに「ズ」と振動音を出す。歯と舌に震えを感じるはず。やや波打つように「ゥ」の音を伸ばす。

119 【z】 ジャズ

jazz

タン♪

ジェアズ

短く

唇を突き出し、息を吐きながら舌を勢いよく弾いて引く「ジェア」を長めに出した後、語尾は軽い振動音「ズ」で終わる。

120 【z】 賞

prize

タン♪

プゥラァィズ

短く

唇で息を破裂させる「p」とほぼ同時に舌の付け根を奥へ引き「r」のこもった音を出し「プゥラ」。「ラァィ」と音を変化させ、語尾は弱めの摩擦音「ズ」で終わる。

【s】
ス

S

「助走音のｓ」で、【z】の無声音バージョン。上下の歯を軽く噛み合わせ、唇は突き出さず力を抜きます。合わせた歯のすき間から勢いよく息を吐き出すと、こすれたような鋭い音が出ます。

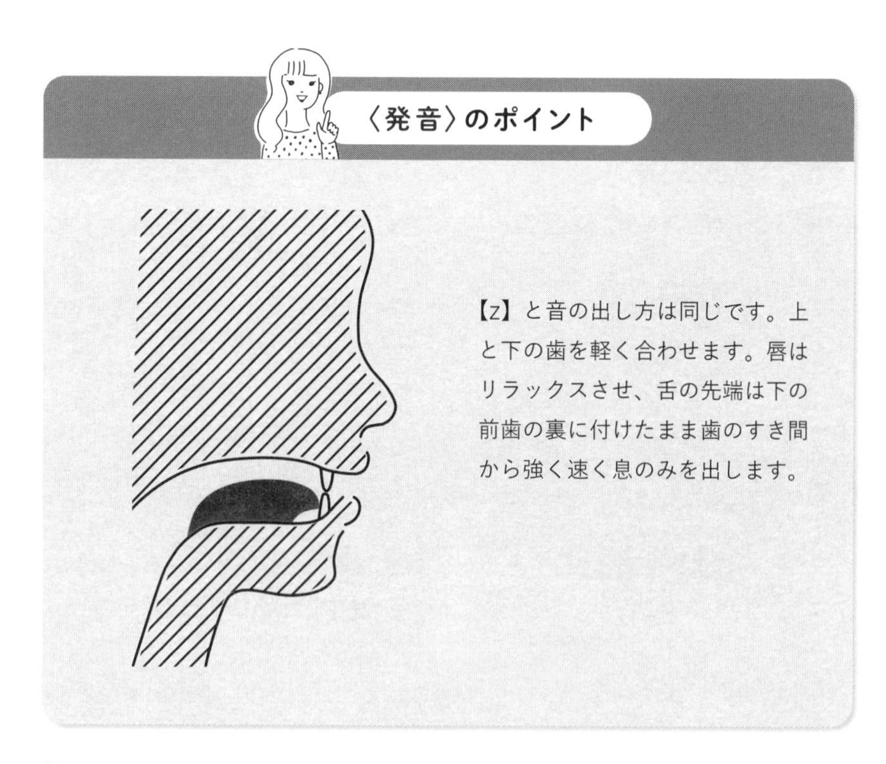

s を発音してみよう

121 【s】 言う

say

タン♪

セェィ

「助走音のｓ」で歯のすき間から「ス」と息を漏らし始め、「ェィ」へとなめらかにつなげる。「ェ」をやや強め･長めに、「ィ」は弱め・短めに。

122 【s】 よく晴れた

sunny

タ・ター♪

スァニィ

「助走音のｓ」で歯のすき間から「ス」と息を漏らし始め、口を縦に開け「ア」を強めに発音する。「ハミングのｎ」を鼻から抜けるように入れ「ニィ」と音を伸ばす。

123 【s】 学校

school

ターン♪

スクゥーォ
短く

歯のすき間から「ス」と短く息を出し、すぐに「クゥー」へとつなげる。語尾は「適当のＬ」で、「ル」と言わずあいまいな音で終わる。

124 【s】 息子

son

タン♪

スァンヌ

「o」が入っていても「ソン」ではない。日本語の「サ」の音ではなく、「助走音のｓ」から短い「ァ」の音につなげて「スァ」。最後は短めの「ハミングのｎ」で終わる。

125 【s】 蛇

snake

タン♪

スンネェィクッ
短く

「助走音のｓ」の後、「ハミングのｎ」を入れて「ネェィ」と抑揚をつけてつなげる。最後は無声音の「クッ」でのどから息のみを出す。

Step 1 確認テスト

次の問題 1 ～ 12 を解いて、答えを右の解答欄に書きましょう。答えは P230 にあります。

問題 1	次の文を読んで、正しければ T、誤りであれば F を書こう。 **「but と bad の発音は同じである」**
問題 2	次の文を読んで、正しければ T、誤りであれば F を書こう。 **「s を発音する時に声帯は震える」**
問題 3	1-01 を聞いて、**鼻から抜ける音ではない**のは次のうちどれ？ **n / y / m / ng**
問題 4	1-02 を聞いて、**音を出す時に舌の先端部分が上の歯ぐきに付かない**のは次のうちどれ？ **t / g / d**
問題 5 ～ 8	次のそれぞれの音声を聞いて、発音されているアルファベットを答えよう。 **問題 5：** 1-03 **問題 6：** 1-04 **問題 7：** 1-05 **問題 8：** 1-06
問題 9 ～ 12	次のそれぞれの音声を聞いて、英文を書き取ろう。 **問題 9：** 1-07 **問題 10：** 1-08 **問題 11：** 1-09 **問題 12：** 1-10

※音声のダウンロードは P13 を参照。

解答欄

問題 1	
問題 2	
問題 3	
問題 4	
問題 5	
問題 6	
問題 7	
問題 8	
問題 9	
問題 10	
問題 11	
問題 12	

Column Step 1

この音さえできれば、ネイティブも驚く自然な発音に！

ちぐさ先生！「**これ**」ができたらネイティブっぽい自然な発音になる、っていうのある？

勉強熱心なのか、それとも手っ取り早く裏技を知りたいだけなのかな？発音は繰り返し練習するのが大事だからコツだけに頼らないようにね。でも、がんばってるキミに「**この人、英語の発音知ってるね！**」って思われるコツを教えよう！

なになに？　知りたい！
やっぱり「**th**」とか「**r**」かな？

確かにそれも言えてるね。
だけど、その発音より子音「**m**」「**n**」「**s**」「**w**」「**あいまいな母音**」、この５つをマスターすると発音がびっくりするほどきれいになるよ。

「**m**」「**n**」「**s**」「**w**」って、それぞれ「**ム**」「**ン**」「**ス**」「**ウ**」じゃない……よね？

そう、全然違うんだ。そんな風にカタカナに置きかえて、知らない間にクセになっている人が多いんだよ。

確かに「**th**」とか「**r**」は気を付けてたくさん練習したけど、「**m**」「**n**」「**s**」「**w**」は見落としてた。どんなことに気を付けるといいの？

「m」「n」は、鼻から息を抜くようにする、「s」は歯のすき間から息を強く出す、「w」は唇を前に出す、というのを意識すると発音が激変するよ。

レモン、ネーム、マネーとか、ついカタカナ読みしがちだけど、英語だと発音が違うね。

カタカナ語こそ、特に発音に気を付けたほうがいいね。

じゃあ、**「あいまいな母音」**は？

口を完全にリラックスさせて、ほんの少し口を開けて短い音を出してごらん。**「ア」**みたいだけどはっきりしない音が出るはず。これがあいまいな母音。**「Schwa（シュワ）」**といって英語では頻繁に出てくる音なんだ。例えば「lemon」の**「o」**、「family」の**「i」**、「problem」の**「e」**なんかがそう。

スペルからは判別できないんだね。

どの母音もシュワになるからね。アクセントが付かない弱い音がシュワになると思うといいよ。日本語の**「妹（いもうと）」**が**「イモート」**になる感覚と似てるかな。いわゆる**「怠け母音」**。詳しくは動画で説明するね。

ちぐさ先生の

動画で発音レッスン！
〜「あいまいな母音」編〜

ちぐさ先生が動画で解説します。
二次元コード（URL）より見てみよう。

https://kanki-pub.co.jp/pages/otonaphonics

Next Step! >>>

Step 2

長母音レッスン

1 二次元コードから音声をダウンロード。
音声【🔊126】～【🔊150】を聞いて発音のイメージをふくらませよう。

2 本書を読みながら発音してみよう。

3 1と2を繰り返して、
発音に磨きをかけよう！

大人のフォニックス Step 2

母音が2つ重なると「長母音」になる？

フォニックスで26音を発音するとこれまでの音と断然違うってわかった！
でも、例えば、「day」や「snow」のように**「a」**と**「y」**、**「o」**と**「w」**の組み合わせの場合はどうやって発音するの？

それはね、**「長母音」**を理解するとわかるよ。
まずは、**「母音」**ってわかる？

ア・イ・ウ・エ・オだから、**「a」「i」「u」「e」「o」**だよね。

そうそう！
ただ、「y」や「w」も母音の仲間入りすることもあるよ。

「day」をフォニックスで読むと**「ドゥッ」**＋**「エア」**＋**「イユッ」**？
でも、よく**「〇〇デー」**とか言うから違うよね？

そう、違う。**「day」**には2つの母音**「ay」**があるよね。**最初の「a」は長母音といってアルファベット読みして、次の母音「y」は発音しない**の。

じゃあ、**「デエー」**ってこと？

「a」のアルファベット読みは**「エィ」**だから、「day」は**「デエィ」**になるよ。aiueoの長母音は**「エィ」「アィ」「ユゥ」「イー」「オゥ」**だから「snow」だと**「o」**を**「オゥ」**と発音して「w」は消えるから**「スヌオゥ」**だね。

ちぐさ流発音レッスン **Step 2**

発音が一気に変わる必殺技！「2音階の発音」

だんだん**「発音うまいね！」**って言われるようになってきたけど、もっと手っ取り早くネイティブっぽい発音ができるようになる裏技ってない？

気持ちはわかるけど、かんたんに身に付けた能力はかんたんにボロが出るよ。だから一歩ずつやっていこうね。

そうだけど……。もったいぶらずに教えてよ。あるんでしょ？

コツはあるよ。がんばってるキミに、一気にネイティブっぽくなる必殺技を教えてあげる。

「2音階の発音」っていうもので、**部分的にトーンを1音階下げて、少し長めに発音する技。**

2音階？　どんな読み方？

例えば、「rain」を普通に発音すると**「ウレエインヌ」**でしょ。
それを**「ウル・エ〜ィ・ンヌ」**っていうように、**「ai」**のところで**「エ〜イ」**と山をつくるように音を上下させて伸ばすの。

ほんとだ。急に発音が変わった！

単調な日本語と違って、英語の発音には長短や抑揚があるの。日本語の**「レイン」**=**「タ・タ・タン♪」**ではなくて、**「タ〜ン♪」**のリズムで言えるとバッチリ！

どういう時にこの２音階を使うの？

Step 2、3で出てくるような長母音が入った単語は２音階で発音することが多いね！**「ア〜ィ」「エ〜ィ」「オ〜ゥ」**とか。

わ〜、どんどんカッコいい発音になる！

ちょっとした工夫でこんなに変わるのって面白いよね。
２音階の発音について、動画でも解説するね。

ちぐさ先生の

動画で発音レッスン！
〜「2音階の発音」編〜

ちぐさ先生が動画で解説します。
二次元コード（URL）より見てみよう。

https://kanki-pub.co.jp/pages/otonaphonics

Let's get started! >>>

Long a
【ei】
エィ

ai

Long a
【ei】
エィ

ay

「エイ」ではなく、音のアーチをつくるように「エ〜ィ」となめらかにつなげます。「エ」を気持ち長め・強めに発音し、短め・弱めの「ィ」で終わります。

〈発音〉のポイント

ニコッと笑い、口角を斜めに上げた状態で「エ」を長めに発音します。力を抜いて自然と口を閉じながら「ィ」に移ります。

ai / ay を発音してみよう

126 Long a【ei】 雨

rain

タ～ン♪
ゥレェィンヌ

「レ」から音を出し始めず、唇をとがらせ「ゥレ」とこもった音を出す。「エイ」へとつなげて最後は口を少し開けて「ハミングのｎ」で終わる。

127 Long a【ei】 電車

train

タ～ン♪
トゥレェィンヌ
短く

最初に「トゥ」と息のみで音を出し、「ト・レ」と２音にならず、１音ですばやく「トゥレ」。「ェィ」を長めに出し、最後は「ハミングのｎ」で終わる。

128 Long a【ei】 尻尾

tail

タ～ン♪
テェィォ

カタカナ英語の「テイル」にならないように。「ェィ」と音の変化を入れ、最後は「適当のＬ」で自然と口をゆるめて終わる。

129 Long a【ei】 日

day

タ～ン♪
デェィ

カタカナ英語の「デー」ではなく、「デェィ」と気持ち長めに発音する。文章になると速く短く発音する場合もある。

130 Long a【ei】 ～を支払う

pay

タ～ン♪
ペェィ

唇を合わせて息を破裂させる「p」から「ェィ」へとなめらかにつなげる。「エ」をやや強め・長めに、「ィ」は弱め・短めに出す。

Long e
【i:】
イー
ea

Long e
【i:】
イー
ee

Long e
【i:】
イー
ey

日本語の「イ」を言う時よりも唇を横に引くようにします。音が短いと別の単語に聞こえてしまうこともあるため、しっかり「イー」と音を伸ばすのがポイント。

〈発音〉のポイント

口角に力を入れて唇を左右に引き、音を少し長めにとります。日本語話者は音を伸ばしているつもりでも短すぎることが多いので、長めに音の余韻を残しましょう。

ea / ee / ey を発音してみよう

131 Long e【i:】 ～を食べる

eat

タ～ン♪
イートゥッ

「イー」と音を伸ばした後、舌先で軽く息を破裂させる。カタカナの「イート」を読む時のように「ト」で音程を下げず、上げたまま「トゥッ」。

132 Long e【i:】 話す

speak

ターン♪
スピィークッ
短く

「ス」の音は出さず、「助走音のｓ」で息を漏らした後、「ピィー」につなげる。最後は無声音の「クッ」で止める。のどを震わせて音を出すのは「ピィー」の部分のみ。

133 Long e【i:】 週

week

ターン♪
ゥウィークッ

日本語の「ウィーク」ではなく、唇を一瞬とがらせて「ゥ」から始め、脱力しながら一気に音を出す。最後は無声音の「クッ」で止める。

134 Long e【i:】 ～を見る

see

ター♪
スィー

上下の歯を合わせてすき間から強く息を吐く「助走音のｓ」で始め、「ィ」で初めて音を出す。音を伸ばしながら口の力を抜いて終わる。

135 Long e【i:】 鍵

key

ター♪
キィー

のどから息を出す「k」の後、口角を軽く横に引いて「ィー」と伸ばし、最後は口の力を抜いて終わる。

Long i
【ai】
アィ
ie

Long i
【ai】
アィ
i（～ld）

Long i
【ai】
アィ
i（～nd）

流れるような「ア～ィ」。あくびをする時のように、のどの奥に空間をつくるイメージで「ア～」と大きく長めに言った後、音程を少し下げ「ィ」と小さく短めに発音します。

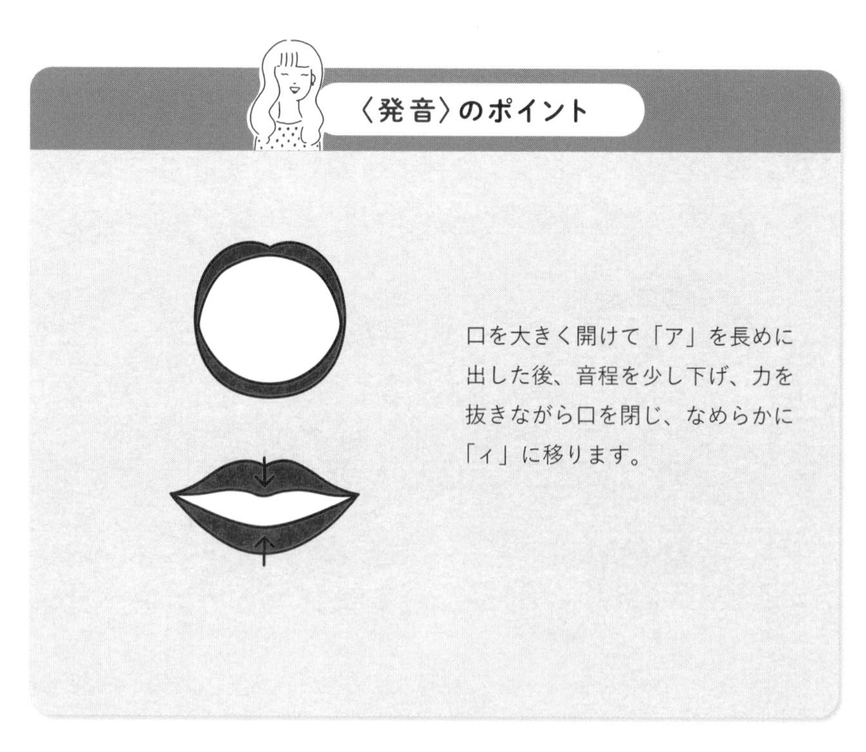

口を大きく開けて「ア」を長めに出した後、音程を少し下げ、力を抜きながら口を閉じ、なめらかに「ィ」に移ります。

ie / i (~ ld) / i (~ nd) を発音してみよう

136 Long i【ai】 ネクタイ

tie

ターン♪

タァイ

出だしは「タ」とはっきり発音せず「ッタッ」と勢いよく息のみを出す。短く「タイ」ではなく、「タ」と「イ」の間にしっかり「ァ」を入れる。

137 Long i【ai】 パイ

pie

ターン♪

パァイ

しっかり上下の唇を閉じて「パ」と破裂させる。「ア～ィ」と音の変化にメリハリをつけ、音を少し長めにとる。

138 Long i【ai】 子ども

child

ターン♪

チャァイォドゥッ

カタカナ英語「チャイルド」ではない。「チャァィ」の音を強く長めに。「適当のL」を短くはさみ、最後は弱めの破裂音「ドゥッ」で終わる。

139 Long i【ai】 親切な

kind

ターン♪

カァィンドゥッ

のどから息を出す「k」の後、すばやく「ア～ィ」の音へとつなげる。「ハミングのn」をはさみ、最後の「d」は舌先で上あごを弾き、弱い音で「ドゥッ」。

140 Long i【ai】 ～を見つける

find

ターン♪

ファィンドゥッ

「f」は日本語の「フ」のように唇をとがらせず、下唇に上の前歯を置き勢いよく息のみを出す。すばやく「ア～ィ」の音へとつなげ、最後は弱い音で「ンドゥッ」。

Long o
【ou】
オゥ

oa

Long o
【ou】
オゥ

o(~ld)

Long o
【ou】
オゥ

ow

「オー」と平坦に伸ばすのでなく、「オ」と「ウ」をスムーズにつなげた音。のどの奥に空間をつくるイメージで「オ〜」と大きく長めに言った後、「ゥ」を小さく短めに発音します。

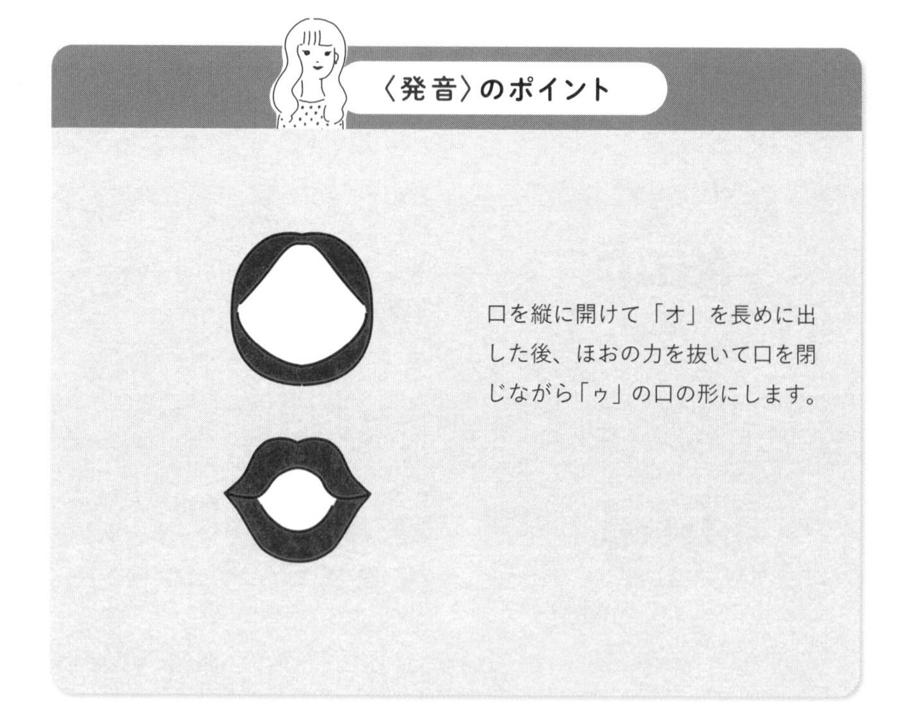

oa / o(〜ld) / ow を発音してみよう

141 Long o【ou】 コート

coat

ター ン♪
コォゥトゥッ

カタカナ英語「コート」に引きずられないようにしよう。口を縦に開けて「コ」、閉じながら「ォ」から「ゥ」へと変化させる。最後の「t」は無声の破裂音。

142 Long o【ou】 ゴール

goal

ター ン♪
ゴゥォ

「ゴー」ではなく「ゴゥ」。「オゥ」の音を意識して口を動かし、最後は「適当のL」で口元をゆるめて終わる。

143 Long o【ou】 古い

old

ター ン♪
オゥゥドゥッ

「オールド」ではなく「オゥ」としっかり音の変化をつける。「適当のL」をはさみ、語尾の「d」は弱めの破裂音で終わる。

144 Long o【ou】 〜を保持する

hold

ター ン♪
ホォゥドゥッ

「ホー」と伸ばすのではなく、縦に開けた口を徐々に閉じながら「ホォゥ」。「適当のL」をはさみ、語尾の「d」は弱めの破裂音で終わる。

145 Long o【ou】 雪

snow

ター ン♪
スヌォゥ
短く

「助走音のs」で歯のすき間から「スー」と息を漏らした後、「ハミングのn」を意識し「ヌォ」の音へとつなぐ。最後は「ォゥ」と音の変化にメリハリをつける。

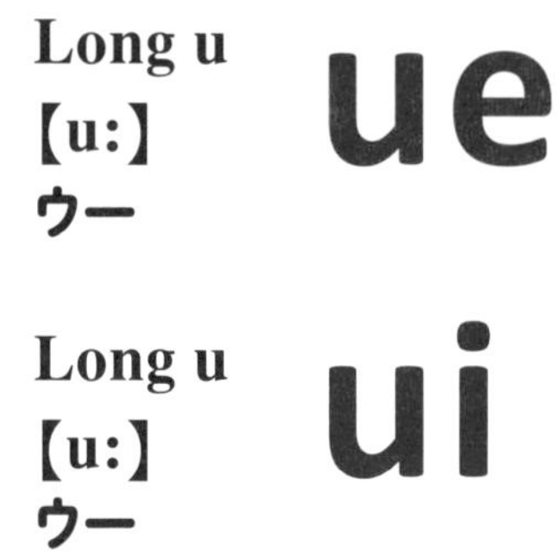

Long u
【u:】
ウー
ue

Long u
【u:】
ウー
ui

日本語の「ウ」を言う時よりも唇を小さく丸めて突き出し「ウー」と発音します。唇は緊張させますが、のどはしめずに息を吐きながら発音するのがポイント。

〈発音〉のポイント

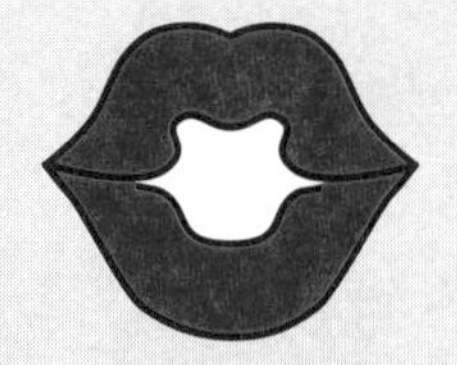

唇を丸くとがらせて前に出し、口元に力を入れながら「ウー」と長めに音を伸ばすことを意識します。

ue / ui を発音してみよう

146 Long u【u:】 青

blue

ター♪
ブルゥ
短く

「ブ・ル」は2拍でなく、「b」を発音した後すばやく「l」に移り「bl」を1拍で言う。唇を軽くとがらせたまま「ゥ」で終わる。

147 Long u【u:】 のり、接着剤

glue

ター♪
グルゥ
短く

のどの奥から短く強く音を出す「g」の後、すばやく「l」に移り「gl」を1拍で言う。唇を軽くとがらせたまま「ゥ」で終わる。

148 Long u【u:】 フルーツ

fruit

ターン♪
フルゥトゥッ
短く

「フ・ル」と2拍でなく、息のみの「f」からすばやく「r」に移り「fr」を1拍で言う。「ゥ」と伸ばし、最後の「t」は音なしの「トゥッ」。「ツ」ではない。

149 Long u【u:】 ジュース

juice

ターン♪
ジュゥス

唇を前に出し「ジュ」と息を強く速く吐き出す。「ゥ」と伸ばし、最後の「ス」の音は出さず歯のすき間から軽く息を漏らして終わる。

150 Long u【u:】 スーツ

suit

ターン♪
スゥトゥッ

最初の「ス」と最後の「トゥッ」は無声音で息のみを出す。この単語でのどを震わせて音を出すのは「ゥ」のみとなる。

Step 2 確認テスト

次の問題 1 ～ 12 を解いて、答えを右の解答欄に書きましょう。答えは P230 にあります。

問題 1	次の文を読んで、正しければ T、誤りであれば F を書こう。 **「beat と beet の発音は同じである」**
問題 2	🔊 2-01 を聞いて、**「see」の「ee」と同じ音が聞こえない**のは次のうちどの単語？ be / feast / gym / key
問題 3	🔊 2-02 を聞いて、**「rain」の「ai」と同じ音が聞こえない**のは次のうちどの単語？ wait / said / game / away
問題 4	🔊 2-03 を聞いて、**「pie」の「ie」と同じ音が聞こえない**のは次のうちどの単語？ bind / pay / wife / eye
問題 5	🔊 2-04 を聞いて、発音されているのは次のうちどれ？ battle / beetle
問題 6	🔊 2-05 を聞いて、発音されているのは次のうちどれ？ tried / trade
問題 7	🔊 2-06 を聞いて、発音されているのは次のうちどれ？ low / law
問題 8	🔊 2-07 を聞いて、発音されているのは次のうちどれ？ suit / seat
問題 9 ～ 12	次のそれぞれの音声を聞いて、英文を書き取ろう。 問題 9：🔊 2-08　問題 10：🔊 2-09 問題 11：🔊 2-10　問題 12：🔊 2-11

※音声のダウンロードは P13 を参照。

解答欄

問題	
問題 1	
問題 2	
問題 3	
問題 4	
問題 5	
問題 6	
問題 7	
問題 8	
問題 9	
問題 10	
問題 11	
問題 12	

Column Step 2

一気にネイティブっぽくなる方法

これまで単語で練習してきたけど、次のStepからは英文でも発音練習しよう！

英文になったとたんに下手になりそう。

最初はしょうがないよ。練習すればするほどうまくなるから大丈夫。**ポイントはリズム！** 日本語はかなり平坦なリズムだけど、英語は音の強弱や長短があって、それを再現できるかがカギだよ。

うまいリズムの取り方ってある？

ポイントを教えるね。基本的に「**前置詞**」「**冠詞**」「**代名詞**」「**Be動詞**」などは「**弱く・短く**」、文の中で重要な意味をもつ単語は「**強く・長く**」発音するよ。

そしたら、例えば I met her yesterday. の場合、重要な意味をもつ「**met**」を強め、代名詞「**her**」を短めに言うの？

そうそう。「I **メッハ r** yesterday.」みたいに聞こえるね。必ずじゃないけど、たいてい長→短となるから波のリズムを意識するといいよ。

1文の中でリズムが変わるんだね。今までは1単語ずつをきっちり発音しようとしてたかも。

リスニングでも、みんな単語を１つずつ聞こうとするよね。だから、さっきの「メッハr」の発音を聞いても、頭では**「メット・ハー」**だと思ってるから「そんな単語知らない！」「英語は難しい！」ってなる。

これが**「リンキング」**（音のつながり）とか、**「リダクション」**（音の脱落）ってやつ？

手法はそうだけど、もっとかんたんに考えていいよ。
会話になると**「２つの単語がくっついて音がつながる」「言いやすいように音を抜かす」**のが英語ってこと。発音がラクな方向へ流れるって感じ。

なるほどね。リズムがいいと発音全体がだいぶ変わりそう。

そう、あとイントネーション（抑揚）にも気を付けて、感情もうまく乗せられるともっとネイティブっぽくなるよ。

練習してみる！

ちぐさ先生の

動画で発音レッスン！
～「ストップt」編～

ちぐさ先生が動画で解説します。
二次元コード（URL）より見てみよう。

https://kanki-pub.co.jp/pages/otonaphonics

Next Step! >>>

Step 3

サイレントe レッスン

1 二次元コードから音声をダウンロード。音声【🔊151】〜【🔊180】を聞いて発音のイメージをふくらませよう。

2 本書を読みながら発音してみよう。

3 1と2を繰り返して、発音に磨きをかけよう！

大人のフォニックス **Step 3**

発音しない音「サイレントe」の正体とは？

今回のステップは難しそう～。**「サイレントe」**ってなあに？

今回はかんたんだよ。
「サイレントe」は、**「e」**がサイレント、つまり発音しないっていうルールのこと。

「e」って、フォニックス26音では**「エ」**って発音じゃなかった？
発音しないってどういうこと？　やっぱり難しそう……。

大丈夫。知らないうちにできてる単語が多いから。
アルファベットの**「e」**で終わって、その前に母音が入ってる単語は思いつく？

えーと、なんだろう。
……あっ、「rule」とか、「name」とか？

そうそう！　説明すると、サイレントeは、単語の最後が**「e」**で、その前に母音がある場合のみ、①**「e」**の音を発音しない、②前の母音は長母音でアルファベット読みする、っていうこと。
「like」の場合はどうなるかな？

「i」のアルファベット読みは**「アィ」**で**「e」**の音が消えるから……
「ンラァィクッ」だっ！

いい発音。最後の**「e」**は、発音しないでしょ？
例外もあるけど、このルールを覚えておくと便利だよ！

Step 3

ちぐさ流発音レッスン Step 3

「カタマリ読み」で、流れる発音にグレードアップ！

このステップから、単語の発音だけじゃなくて、文での発音もやっていこう。

大変そう……。英文苦手で。
なぜか、読んでると途中からどんな内容なのかわからなくなる。

今日から文を読む時は**「カタマリ読み」**を意識しよう。
文の意味も理解しやすいし、発音もスムーズになるはず。もしかすると、文を読む時、１単語ずつ読んでいるんじゃないかな。

「カタマリ読み」ってなあに？

例えば、「明日　５時に　駅に　娘を　迎えに　行く　予定　だよ。」って区切ったら変だよね？

ロボットみたい。
「わ　れ　わ　れ　は　宇　宙　人　だ」みたいな感じ（笑）。

リズムも抑揚もないし、意味もとりにくいよね。それを例えば、「明日５時に　駅に娘を　迎えに行く予定だよ。」だったらどう？

普通の会話らしくなる！

英語も同じで、**1単語ずつじゃなく複数の単語のカタマリで捉えることが大事なんだよ。これがカタマリ読み。**

例えば、どんな感じになるの？

I want to go to Okinawa with my friends this month.
だったらどこでカタマリにする？

（I want to go to Okinawa）で１つ、（with my friends）で１つ、（this month）で１つ、かな。
意味のカタマリを考えて全部で３つにしたよ。

うん、いいね！
（with my friends this month）で１つでも問題ないよ！
慣れないうちは小さいカタマリで、慣れてきたら大きくしていけばいい。ひと息で言えるくらいを目安にひとカタマリにしよう！ 詳しくは動画でも解説するね！

Step 3

ちぐさ先生の

動画で発音レッスン！
～「カタマリ読み」編～

ちぐさ先生が動画で解説します。
二次元コード（URL）より見てみよう。

https://kanki-pub.co.jp/pages/otonaphonics

Let's get started! >>>

Long a
【ei】
エィ

a-e

「エイッ」ではなく、音のアーチをつくるように「エ〜ィ」となめらかにつなげます。「エ」を気持ち長め・強めに発音し、短め・弱めの「ィ」で終わります。

〈発音〉のポイント

ニコッと笑い、口角を斜めに上げた状態で「エ」を長めに発音します。力を抜いて自然と口を閉じながら「ィ」に移ります。

a-e を発音してみよう

151 **Long a【ei】** テープ

tape

タ～ン♪
テェィプッ

あたまに「ッ」を入れるイメージで「ッテッ」と強く息を出す。「ェィ」の部分は「エー」でなく音に変化をつけ、最後は唇を弾かせて「プッ」と破裂音で終わる。

152 **Long a【ei】** 名前

name

タ～ン♪
ンネェインム

「ハミングの n 」で始まり「鼻音の m」で終わる。「ネーム」ではなく「ンネ」と鼻に響かせ「ンネェィ」。最後は唇を閉じて「ンム」で終わる。

153 **Long a【ei】** ケーキ

cake

タ～ン♪
ケェィクッ

のどから強く息のみを出す「k」に「ェィ」の音をつなげる。カタカナの「ケーキ」ではなく、「ェィ」と音を変化させ無声音の「クッ」で終わる。

154 **Long a【ei】** 同じ

same

タ～ン♪
スェインム

日本語の「セ」ではなく、「助走音の s 」で歯のすき間から「ス」と息を漏らした後、「ェィ」へとなめらかにつなげて音を出す。最後は「鼻音の m」で終わる。

\ Practice! /

155 **(Save my cake) (at a safe place).**

スェイヴンマィケェィクッアッタスェイフプレィス
私の分のケーキ、安全な場所に取っておいて。

※下線のあるカタカナは短く発音する。

Step 3

Long e
【i:】
イー

e-e

日本語の「イ」を言う時よりも唇を横に引っ張るようにします。口角に力を入れながら「イー」と気持ち長めに音を伸ばすのがポイント。

〈発音〉のポイント

口角の筋肉を使い、唇を左右に引き、音を少し長めにとります。

e-e を発音してみよう

156 Long e【i:】　前夜

eve

ターン♪
イーヴ

「イヴ」と短くならず、「イー」としっかり音を伸ばした後、下唇に前歯を置いて息をすばやく吐きながら軽く「ヴ」と音を出す。

157 Long e【i:】　これらの

these

ターン♪
***ディーズ**

舌先をやや前に出し、「有声音の th」(→ P164)で「ディ」と「ズィ」の間のような音を出し「ィー」と音を伸ばす。息を吐きながら「ズ」に移り、力を抜いて終わる。

158 Long e【i:】　テーマ

theme

ターン♪
***スィーンム**

舌先をやや前に出し、「無声音の th」で「ティ」と「スィ」の間のようなこすれた音を出し「ィー」と音を伸ばす。最後は唇を合わせ「鼻音の m」で終わる。

159 Long e【i:】　～を仕上げる

complete

タン・ターン♪
コンプリートゥッ
短く

「コンプ」までは弱く、「リィー」を強く発音する。「プ・リ」と 2 拍でなく「pl」を速く 1 拍で言う。息のみの弱い「トゥッ」で終わる。

\ Practice! /

160 **(It's an extremely hard theme) (for a movie).**

**イッツアン エクストゥリームリィ ハアrドゥッ *スィーンム
フォrア ムーヴィ**

それは映画にはきわめて難しいテーマだ。

※下線のあるカタカナは短く発音する。*は、カタカナ表記不可。

Long i
【ai】
アィ

i-e

流れるような「ア～ィ」。あくびをする時のように、のどの奥に空間をつくるイメージで「ア～」と大きく長めに言った後、音程を少し下げ「ィ」と小さく短めに発音します。

〈発音〉のポイント

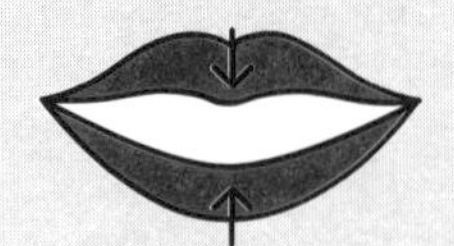

口を大きく開けて「ア」を長めに出した後、音程を少し下げ、力を抜きながら口を閉じなめらかに「ィ」に移ります。

i-e を発音してみよう

🔊 161 **Long i【ai】** 自転車

bike

タ～ン♪
バァイクッ

しっかり唇を閉じて息を出す破裂音「ッバッ」から始め、「ァイ」へとつなげ「バァイ」。「ァイ」をやや長めに伸ばし、最後は無声音の「クッ」で終わる。

🔊 162 **Long i【ai】** 時間

time

タ～ン♪
タァインム

舌先で上あごを勢いよく弾く「t」の後、口を縦に開けて閉じる「ァイ」へとつなげ長めに音をとる。最後は唇を閉じ「鼻音の m」で終わる。

🔊 163 **Long i【ai】** 5（数字）

five

タ～ン♪
ファイヴ

「f」で下唇に上の前歯を軽く乗せ、勢いよく息を吐いてから「ァイ」と発音する。最後は再び下唇に前歯を置き、今度は振動の「ヴ」で音を出して終わる。

🔊 164 **Long i【ai】** ～を好む

like

タ～ン♪
ンラァイクッ

舌先を前歯の裏に押し付け、少し音を溜めて「ンラ」を出すと同時に舌を弾く。「ァイ」と発音し、最後は無声音の「クッ」で息のみを出す。

Step 3

\ Practice! /

🔊 165 **(I got five bikes) (as a prize) (at the time).**

アィ ガットゥッ ファイヴ バァイクス アズァ プゥラァイズ アッ *ダタァインム 私はその時、賞品として自転車5台をもらった。

※下線のあるカタカナは短く発音する。*は、カタカナ表記不可。

Long o
【ou】
オゥ

o-e

「オー」と平坦に伸ばすのでなく、「オ」と「ウ」をスムーズにつなげた音。のどの奥に空間をつくるイメージで「オ〜」と大きく長めに言った後、「ゥ」を小さく短めに発音します。

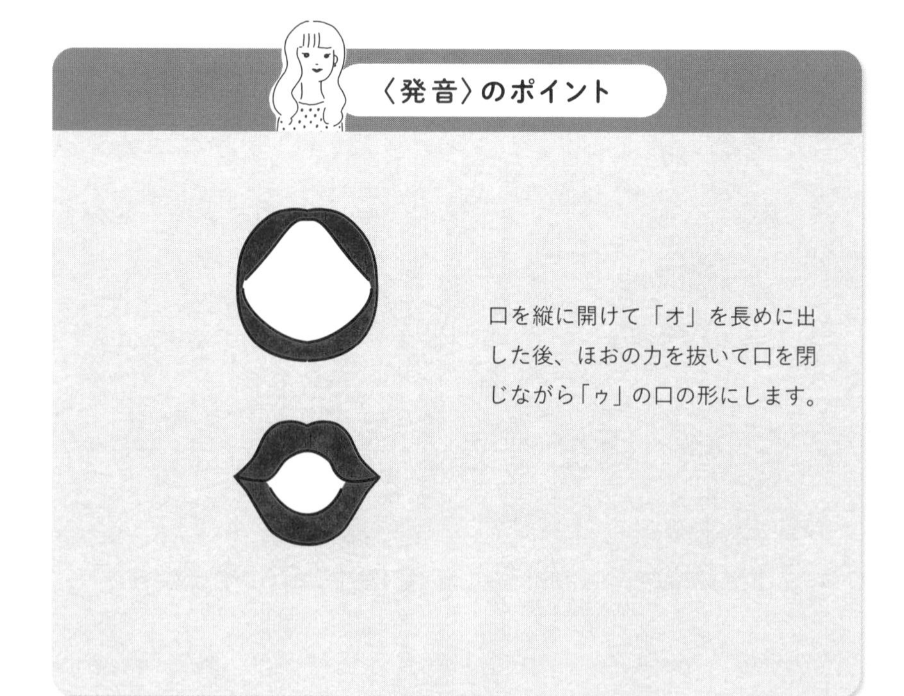

o-e を発音してみよう

166 Long o【ou】　バラ

rose

ター ン♪
ゥロォウズ

唇をとがらせ、舌を口の中のどこにも付けず「ゥロ」とこもった音を出し、「ォゥ」で口を閉じていく。最後の「ズ」はごく弱い音で終わる。

167 Long o【ou】　煙

smoke

ター ン♪
スンモォウクッ
短く

日本語の「ス・モ」のように2拍ではなく、息を吐きながら「スンモォゥ」と1拍で発音する。語尾の「クッ」は無声音で、はっきり「ク」と音を出さない。

168 Long o【ou】　家

home

ター ン♪
ホォウンム

「助走音のh」で始まり、口を縦に大きく開け、「ホォゥ」で息と音を同時に出しながら口を閉じていく。最後は唇を閉じて「鼻音のm」で終わる。1拍のリズムを意識する。

169 Long o【ou】　ノート

notebook

ター ン・タン♪
ンノォウトゥッブックッ

鼻に響かせて「n」の音を出し、すぐに口を縦に開け「ォゥ」を発音する。「トゥッ」はごく弱く、または音を抜かして「ノォウッ」でもOK。「book」はP35を参照。

＼ Practice! ／

170 **(A cute mole) (made a hole).**

ア キィウトゥッ モォウ メィ*ダ ホォウ
かわいいモグラが穴をつくった。

※ * は、カタカナ表記不可。

Long u
【u:】
ウー

u-e

日本語の「ウ」を言う時よりも唇を小さく丸めて突き出し、「ウー」と発音します。のどをしめずに息を吐き出しながら発音するのがポイント。

〈発音〉のポイント

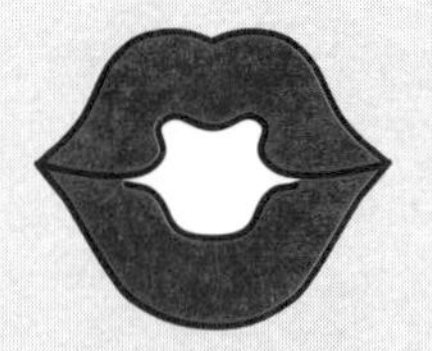

唇をギュッととがらせ前に出し、口元に軽く力を入れながら「ウー」と長めに音を出します。

u-e を発音してみよう

171 Long u【u:】 ルール

rule

ターン♪
ゥルゥォ

「ル」の前に小さな「ゥ」を付けるイメージで発音する。唇をとがらせ「ゥル」とうなるような音を出し、最後は「適当のＬ」で口元をゆるめて終わる。

172 Long u【u:】 失礼な

rude

ターン♪
ゥルゥドゥッ

唇をとがらせて「ゥル」とこもった音を出す。舌先はどこにも付かない。最後は上あごに舌先を置いて勢いよく弾く「ドゥッ」。

173 Long u【u:】 6月

June

ターン♪
ジューンヌ

唇を突き出し、のどに力を入れて息を強く吐き出し「ジュ」。そのまま音を伸ばし、舌先を前歯の裏の歯ぐきに当て「ハミングのｎ」で終わる。

174 Long u【u:】 旋律

tune

ターン♪
トゥウンヌ

「チューン」ではない。「t」で上あごを舌で勢いよく弾き、唇を前に出し息を吐きながら「トゥ」の音を伸ばす。「ハミングのｎ」で鼻に響かせた「ン」で終わる。

＼ Practice! ／

175 **(You were super rude) (in June)!**

ィユ ゥワr スゥパr ゥルゥドゥッ ィン ジューンヌ
6月（に会った時）のあなたは、めっちゃ失礼だったよ。

Step 3

Long u
【ju:】
イユウ

u-e

発音記号は【ju:】ですが、音は【j】（ィユ）+【u:】（ウー）。流れるように1音で「ィユゥ」と発音します。あたまの「ィ」はごく軽く、唇を丸めながら「ゥ」を強く長めに出します。

〈発音〉のポイント

口角を軽く引き締めて短く「ィ」の音を出してから、唇を中心に集めるようにとがらせて「ゥ」の音へとスライドさせ伸ばします。

u-e を発音してみよう

176 Long u【ju:】 ～を使う

use

ターン♪

イユウズ

日本語の「ユ」ではなく、「ィユ」と微妙に音をズラすようにして、ねちっこい音を長めに出す。最後は歯を合わせ息を吐きながら「ズ」と弱い音で終わる。

177 Long u【ju:】 無言の

mute

ターン♪

ンミィウトウッ

「ミュ」から始めず、鼻音の「ン」を短く入れてから「ミィゥ」と1文字ずつ音をズラすように発音する。最後は音程を下げず息のみの「トゥッ」。

178 Long u【ju:】 言い訳

excuse

タン・ターン♪

エクスキィウズ

「エ」の後、息を吐きながら「クス」まで一気に。「キィゥ」と1文字ずつ音をズラすように長めに発音する。最後は歯のすき間から弱く「ズ」。

179 Long u【ju:】 立方体

cube

ターン♪

キィウブッ

始まりは「キュ」でなく、「ィ」から「ゥ」へと音を移すように「キィゥ」と発音する。語尾は「ブ」と強く音を出さず、唇を弾かせる破裂音の「ブッ」で終わる。

\ Practice! /

180 **(You put a cube of sugar) (in my coffee).**

イユウ プッタ キィウブ オウ シュガr イン マィ カァフィ

あなたは角砂糖を1個私のコーヒーに入れます。

Step 3

Step 3 確認テスト

次の問題 1 ～ 12 を解いて、答えを右の解答欄に書きましょう。答えは P231 にあります。

問題 1	次の文を読んで、正しければ T、誤りであれば F を書こう。 **「takeの『a』と stayの『ay』は同じ発音である」**
問題 2	次の文を読んで、正しければ T、誤りであれば F を書こう。 **「voteの『o』と softの『o』は同じ発音である」**
問題 3	3-01 を聞いて、「rude」の「u」**と同じ音が聞こえない**のは次のうちどの単語？ new / cute / move / cook
問題 4	3-02 を聞いて、「rose」の「o」**と同じ音が聞こえない**のは次のうちどの単語？ long / go / mode / know
問題 5	3-03 を聞いて、発音されているのは次のうちどれ？ stake / stock
問題 6	3-04 を聞いて、発音されているのは次のうちどれ？ even / event
問題 7	3-05 を聞いて、発音されているのは次のうちどれ？ live / leave
問題 8	3-06 を聞いて、発音されているのは次のうちどれ？ excuse / exceed
問題 9 ～ 12	次のそれぞれの音声を聞いて、英文を書き取ろう。 **問題 9：** 3-07　**問題 10：** 3-08 **問題 11：** 3-09　**問題 12：** 3-10

※音声のダウンロードは P13 を参照。

解答欄

問題 1	
問題 2	
問題 3	
問題 4	
問題 5	
問題 6	
問題 7	
問題 8	
問題 9	
問題 10	
問題 11	
問題 12	

Column Step 3

外国人に「グーグル」と言っても通じない？ 間違いがちな発音

この間、道に迷っている外国人に、**「Googleで調べるといいよ」**って言ったんだけど全然通じなかった……。

もしや、Googleを **「グーグル」** って発音した？　それだと通じにくいよ。

え？　なんで？

前にも話したけど **「カタカナ語」** ほど気を付けないと。
Googleの発音は **「グーゴォ」** になるんだよ。カタカナで表すの難しいけど。

そんなに変わるの？

特に最後のところがポイントだね。日本語だと **「グル」** までしっかり発音するけど、英語は最後の **「le」** が **「オォ」** みたいな適当な音になるんだ。

ひょっとして、**「グローバル」「シャネル」「ホスピタル」** とかもそう？

その通り！ **「トンネル」「タオル」** とかもそうだし。

ええええ～！　それ知らない人多いよ！
じゃ、**「トンネー」**になるの？

トンネル「tunnel」は、**「タノォ」**だね。
タオル「towel」のほうは、**「タゥオ」**みたいな感じ。全然違うでしょ。

それ、知らなかったら**「聞き取り」**もできないよね。

カタカナ語は知ってるのに、英語発音だと聞き取れないことはたくさんあるよね。

他にもあるの？

「アレルギー（allergy）」（発音はアラｒジィ）、「ウィルス（virus）」（発音はヴァィラス）あたりも、みんな英語だと聞いてすぐわからない。そういうのも、フォニックスのルールを知っていればスペルを見て発音がわかるようになるよ！

ちぐさ先生の

動画で発音レッスン！
～「適当のＬ」編～

ちぐさ先生が動画で解説します。
二次元コード（URL）より見てみよう。

https://kanki-pub.co.jp/pages/otonaphonics

Next Step! >>>

Step 4

合体変身母音レッスン

1 二次元コードから音声をダウンロード。音声【◀)) 181】〜【◀)) 250】を聞いて発音のイメージをふくらませよう。

2 本書を読みながら発音してみよう。

3 1と2を繰り返して、発音に磨きをかけよう!

大人のフォニックス **Step 4**

「合体変身母音」で読み方がわかる！

発音のしかたで気になることがあって……**「o」**の鳴き声は確か**「アオ」**だよね。でも「book」の発音って**「ブッアオアオクッ」**にならないよね？

すごい発音（笑）。母音２つがくっついて**「oo」**になると**「ウー」**とか**「ウッ」**って発音に変身するんだよ。

そうなんだ。だから**「pool」**は**「ウー」**と伸ばして**「プゥーォ」**になるのか。

母音が組み合わさると、スペル通りに読まなくなるんだ。
名付けて**「合体変身母音」**。
「tough」「couch」はなんて読むと思う？

「トウグフ」？　「コウチ」？

そう読めたらかんたんだけど（笑）。母音**「ou」**が**「ア」**や**「アゥ」**の音に変身して**「タフ」「カァゥチッ」**ってなるの。

へぇ〜。まさに**「合体変身母音」**！　でも、やっかいだなぁ。

パターンを覚えれば大丈夫だって！　本編では**「母音＋子音」**も含めていろいろな組み合わせを紹介するね。

Step 4

ちぐさ流発音レッスン Step 4

「音の分解法」で、脱カタカナ英語

フォニックスを練習したら、これまでのカタカナみたいな発音がなくなってきた気がする！

わかってきたかな。誤ったローマ字読みがなくなると、だんだんカタカナ英語から卒業できるようになるよ。

もっとレベルアップしたい。

いいね。じゃあ次は**「音のグループ分解」**をやってみようか。これを知ると発音がゴチャゴチャにならなくなるよ。
例えば、間違いやすい「work」と「walk」の発音。

この２つの単語、発音がすごく難しい。

みんなよく**「wo」「wa」**のスペルに惑わされて発音が逆になりがち。**「work」**を**「ウォーク」**、**「walk」**を**「ワーク」**と読む人が多いけど、それ違うの。

え？　今までそうだって思ってた。

それはローマ字読みの罠に引っかかってるんだよ。フォニックスで見ると、「work」は**「wor＋k」**と分解できて、「r」のうなる音が混ざった「ゥワｒクッ」。「walk」は、**「w＋al＋k」**と分解して「ゥウァォークッ」みたいな音になるよ。

へぇ〜！**「グループ分解」**した音の読み方がわかれば発音を間違えなくなるね。

そう。**「母音にrが付くと新しい音になる」**こととか、文字が合体した時の音のルールを知っておくと発音のイメージができるようになるよ。

書かれた文字をそのままローマ字読みするクセも直せそう。

「care」を**「ca/re」**で分解したら**「キャレ」**って読んじゃうけど、「c/are」って分解して"are（エァr）"がグループ音だと気づけたら、ちゃんと**「ケェアr」**って発音できる。

なんだか音の解読みたいだね。

フォニックスって奥が深いけど、知ると目からウロコなことばかりだよ。

Let's get started! >>>

Short u
【u】
ウ

OO

【u】ショートU：口をわずかに開け、唇はリラックスしたままのどの奥から「ウ」と短い音を出します。唇はほんの少し前に出す程度。

Long u
【u:】
ウー

OO

【u:】ロングU：口をわずかに開け、「ショートU」よりも唇を丸くとがらせて「ウー」と長めの音を出します。

〈発音〉のポイント

【u】

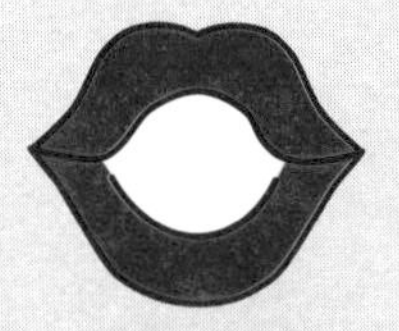

【u】ポカンと軽く開いた口で、唇には力を入れずゆるめたまま短い「ウ」の音を出します。

【u:】

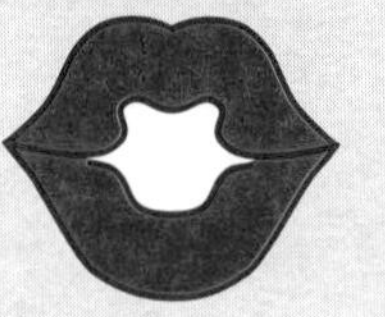

【u:】唇を丸く突き出し、のどから細く空気を出すかのように「ウー」と伸ばします。

oo / oo を発音してみよう

181 Short u【u】　～を見る

look

タン♪
ンルックッ

舌先を前歯の裏に押し付け、少し音を溜めて「ンル」で舌をすばやく下ろす。最後はのどから息のみを出す無声音の「クッ」。

182 Short u【u】　standの過去形（立った）

stood

タン♪
ストゥッドゥッ
短く

２つの無声音をすばやくつなげ「スト」で１拍。「ゥ」で初めて短い音を出す。最後は舌先で上あごを弾き弱い音で「ドゥッ」。

183 Long u【u:】　部屋

room

ターン♪
ゥルーンム

唇をとがらせ、舌の付け根を奥に引き、こもった音「ゥル」を出し伸ばす。舌先は口の中のどこにも触れない。唇を合わせ「鼻音のm」で終わる。

184 Long u【u:】　食べ物

food

ターン
フゥードゥッ

「f」で上の前歯を下唇に軽く当てて勢いよく息のみを出した後、すばやく唇を軽くとがらせて「ゥー」の音へと移る。弱い破裂音「ドゥッ」で終わる。

＼ Practice! ／

185 **(I ate good noodles) (at noon).**

アィエィトゥッグゥッンヌードォズアッヌーン
正午においしい麺を食べた。

Step 4

【au】 ou
アゥ

【au】 ow
アゥ

まず【æ】と同じように日本語の「エ」と「ア」の中間に近い「ア」の音を長めに発音します。口を徐々に中心に向かって閉じながら唇を少し前に出し「ゥ」を弱く出します。2音をなめらかにつなげ、音の長短・強弱を意識するのがポイント。

〈発音〉のポイント

舌は平らにして舌先を下の歯の裏に付けたまま、下あごを落とし「ア」を強く長めに発音した後、徐々にあごを戻し唇を軽くすぼめながら「ゥ」の音にスライドさせます。

ou / ow を発音してみよう

186 【au】 音

sound

ターン♪
スァウンドゥッ

上下の歯のすき間から「スー」と息を漏らし始める「助走音のｓ」から「ァウ」の音へとつなぐ。「ハミングのｎ」をはさみ、最後は弱い「ドゥッ」で終わる。

187 【au】 うるさい

loud

ターン♪
ラァウドゥッ

舌先を前歯の裏に押し付けて、「ラ」で引き下ろす。そのまま下あごを下げ「ァゥ」と音を出す。弱い破裂音「ドゥッ」で終わる。

188 【au】 ～を許可する

allow

タ・ター♪
ァラァウ

弱くあいまいな「ァ」を短く出した後、「l」ですばやく舌先を前歯の裏に当て弾き「ラァ」であごを下げ、戻しながら「ゥ」へとなめらかに音を移す。

189 【au】 どのように

how

ターン♪
ハァウ

「助走音のｈ」で寒い手を温める時のように「ハァ」と強く息のみを出した後、「ァ」で初めて音を出す。音の変化をつけながらスムーズに「ァウ」。

\ Practice! /

190 **(I found) (a brown mouse).**

アィ ファウンダ ブウラウン マウス
茶色のネズミを見つけた。

※下線のあるカタカナは短く発音する。

【ʌ】アッ ou

「オゥ」でも「アゥ」でもなく、短い「アッ」の音です。単語のスペルに惑わされないように注意しましょう。口を大きく開けずにのどの奥から発音します。

〈発音〉のポイント

口を少しだけ開け、舌はリラックスした状態にします。のどから空気をストレートに吐き出すイメージで「アッ」と短い音を出します。

ou を発音してみよう

191 【ʌ】 十分な

enough

タ・タン♪
ィンナフ

「エ」に近い短い「ィ」を出し、舌先を上あごに付けて「ハミングのn」から短い「ナ」の音へとつなげる。最後は無声音の「f」で息のみを出す。

192 【ʌ】 国

country

タン・ター♪
カントゥリィ
短く

一瞬息の通りを止め、次に勢いよく息を出し短く「カン」。口を開けすぎない。唇を前に出し「チュ」に近い音で「トゥリィ」。

193 【ʌ】 2倍の、2重の

double

タ・タン♪
ダボォ

舌を前歯の裏の歯ぐきに当て勢いよく弾き「ダ」。上下の唇を合わせ息を破裂させる「b」と「適当のL」で、「ブル」ではなく「ボォ」と伸ばして終わる。

194 【ʌ】 カップル

couple

タ・タン♪
カポォ

日本語の「カップル」とは違うので気を付けよう。のどに力を入れ、勢いよく息を出して「カ」。破裂音「p」から「適当のL」へとつなげて「ポォ」とあいまいに終わる。

\ Practice! /

195 **(I keep in touch) (with my cousin).**

アィ キーピン タッチ ウィ*ズ マィ カズンヌ
いとこと連絡を取り合う。

*は、カタカナ表記不可。

【ei】エィ **ei**

【ei】エィ **ey**

口角を斜めに上げるイメージで、下あごを少し下げ「エ」を気持ち強めに発音した後、あごを元の位置に戻しながら「イ」の音にスライドさせます。「エ・イ」と２拍にならず、「エィ」とスムーズにつなげます。

〈発音〉のポイント

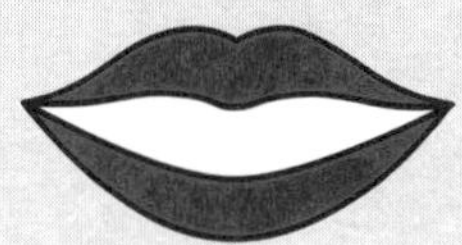

あごをバネのように使うイメージで、あごを下げて「エ」、はずみで徐々に上げながら「イ」を弱めに出します。口を横に引きすぎないようにします。

ei / ey を発音してみよう

🔊 196 【ei】 8（数字）

eight

タンッ♪
エィトゥッ

口角を軽く斜めに上げてあごを落とし「エ」、上げながら「ィ」で「エィ」と発音する。口を横に引きすぎないこと。最後は弱めの無声音「トゥッ」で終わる。

🔊 197 【ei】 ベージュ色

beige

ター～ン♪
ベェィジュッ

破裂音「b」で唇を弾き、そのまま流れるように「ェィ」へと音をつなぐ。「ベー」と伸ばさない。語尾は唇を軽く前に出し弱めに「ジュッ」と発音する。

🔊 198 【ei】 ～に従う

obey

タ・タ～♪
オゥベェィ

日本語の短い「オ」ではなく「オゥ」と速めに弱く言う。「b」で上下の唇を一瞬合わせた後「ェィ」へと移り、「ベェィ」を強めにゆっくりと発音する。

🔊 199 【ei】 彼らは

they

タ～ン♪
*デェィ

「有声音の th」（→ P164）で舌を上と下の歯で軽くはさみ、強く息を出しながらこすれた音を出す。舌を口の中へ引くのと同時に「ェィ」を発音。「デェ」とも「ゼ」ともつかない音。

Step 4

\ Practice! /

🔊 200 **(They gained weight).**

***デェィ ゲェィンドゥッ ウェィトゥッ**
彼らは体重が増えた。

*は、カタカナ表記不可。

【ɔi】 **oi**
オィ

【ɔi】 **oy**
オィ

日本語の「オイ」に比較的近い音。口を大きめに開け、のどに響かせるように「オ」の音を出し、口を閉じながら「イ」の口の形にします。「オイ」は同等な2音ではなく、あくまでメインは「オ」で、「ィ」は弱く添えるようにして「オィ」と発音します。

〈発音〉のポイント

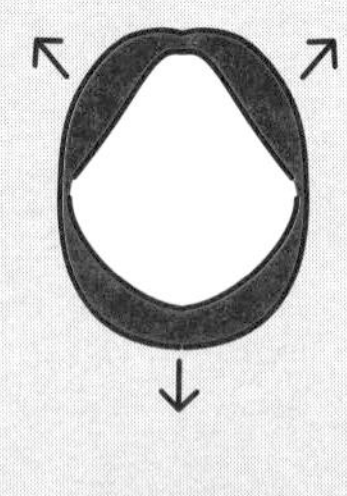

唇はすぼめず日本語の「オ」よりもやや大きめにあごを下げ、「オ」を強めに発音した後、「イ」でほおの力を抜き下あごを上に戻し、口を少し横に引きます。日本語を話す時よりも口周りの筋肉を柔軟に動かすことを意識します。

oi / oy を発音してみよう

🔊 201 【ɔi】 ～に参加する

join

タン♪
ジョォインヌ

歯を合わせた状態で唇をとがらせ「ジュ」を短めに出して、すばやくあごを大きく下げて「ォィ」へとなめらかにつなげる。語尾は「ハミングのｎ」で鼻から抜けるような音。

🔊 202 【ɔi】 沸騰する

boil

タン♪
ボォイォ

破裂音「b」で唇を弾かせ「ボッ」。そのまま流れるようにのどから「ォィ」の深い音を出す。最後は「適当のＬ」で「ル」とはっきり言わず弱い「ォ」のようなあいまいな音で終わる。

🔊 203 【ɔi】 ～を楽しむ

enjoy

タン・タ～♪
エンジョォイ

前半は「イン」と「エン」の間のような音を弱く出す。後半は唇を軽く前に出す「ジュ」に「ォィ」をつなげ「ジョォィ」と長めに強く発音する。

🔊 204 【ɔi】 ～を雇う

employ

タン・タ～♪
エンプロォイ
短く

「イ」と「エ」の間の音に「鼻音のｍ」をつなげ「エン」。唇をぱっと合わせて弾く「p」の後すばやく舌先を前歯の裏に動かし「プロォ」。「ォィ」では口が縦から横へ動く。

Step 4

＼ Practice! ／

🔊 205 **(The boy is annoyed) (by the noise).**

*ダ ボォイズァノォイドゥッバイ*ダンノォイズ
その少年は騒音にうんざりしている。

*は、カタカナ表記不可。

【a:】
アオー **au**

【a:】
アオー **aw**

口を縦に開け、お腹から「ア」と「オ」の間の音を出して伸ばします。

〈発音〉のポイント

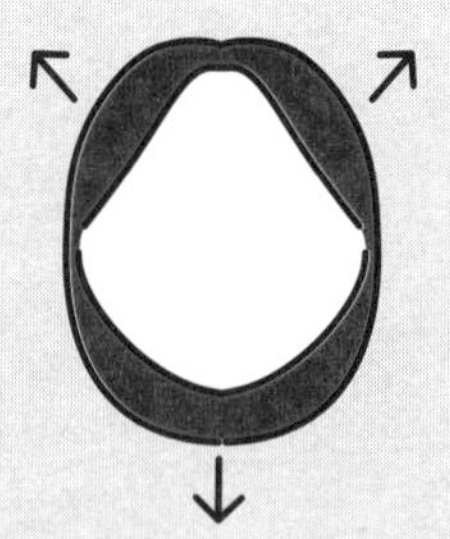

あくびをする時のように舌をのどのほうへ引き込み、お腹に力を入れ、のどを開いたままストレートに音を出します。

au / aw を発音してみよう

206 【a:】 音声

audio

ター・タ・タ～♪

アォーディォウ
（アォ：短く）

日本語の「オーディオ」とは発音が違い、あたまの部分が強く、3拍になる。「ア」と「オ」の間の音「アォ」で伸ばし、短い「ディ」をはさみ最後は「ォゥ」と音を変える。

207 【a:】 洗濯、洗濯物

laundry

ターン・タ・ター♪

ンラアォーンドゥリィ
（アォ：短く、ドゥ：短く）

舌先を前歯の裏に押し付けて、少し音を溜めてから「ンラ」で舌を引き下ろし、「ラアォーン」と音を長めに伸ばす。「ドリー」ではなく「ドゥリィ」の音になる。

208 【a:】 ～を描く

draw

ター♪

ドゥラアォー
（ドゥ：短く、アォ：短く）

「ド・ロ」と2拍ではなく「ドゥラ」をすばやく1拍で。「r」で舌の付け根を引き口を開け、「ア」と「オ」の間の音をストレートに伸ばす。

209 【a:】 生の

raw

ター♪

ゥラアォー
（アォ：短く）

あたまに短い「ゥ」を入れるつもりで発音すると「r」の音が出しやすい。舌を奥に引き口を縦に開け、「ラアォ」とのどから深い音を出し伸ばす。

\ Practice! /

210 **(This book's author is) (awesome).**

*ディス ブックス アォー *サr ー イズ アォーサンム

この本の著者はすごい。

※下線のあるカタカナは短く発音する。*は、カタカナ表記不可。

Step 4

【a:】 アオー **augh**

【a:】 アオー **ough**

スペルは違っても、音は「au / aw」とまったく同じ。口を縦に開け、お腹から「ア」と「オ」の間の音を出して伸ばします。

〈発音〉のポイント

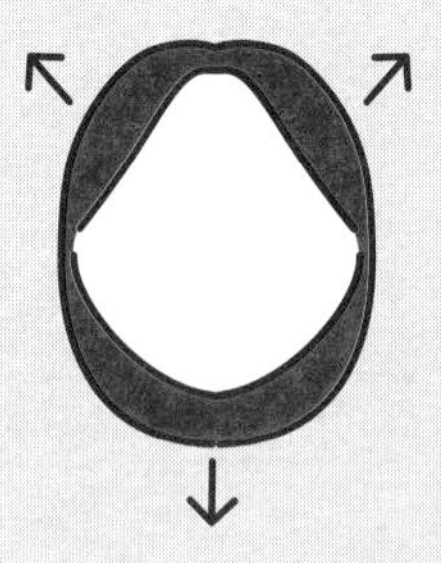

口を縦に開け、あくびをする時のように舌をのどのほうへ引き込み、お腹に力を入れ、のどを開いたままストレートに音を出します。

augh / ough を発音してみよう

211 【a:】 娘

daughter

ター・ター♪
ドァオーダr
短く

「ドーター」にならないように。口を縦に開け「ドァオー」とのどからストレートに音を出す。最後は「音が変わるｔ」で「ダァ」「ラァ」のような音になる。

212 【a:】 catchの過去形（捕まえた）

caught

ターンッ♪
コァオートゥッ
短く

「c」で舌の根元を上あごの奥に付け「クッ」と息を吐き出すと同時にあごを下げ、「ア」と「オ」の中間の音を出し「コァオー」。最後は息のみの「トゥッ」で終わる。

213 【a:】 thinkの過去形（思った）

thought

ターンッ♪
***ソァオートゥッ**
短く

音の出ない「th」で舌先を歯と歯の間で軽くはさみ、強く息を吐いてこすれた音を出す。すばやく舌を口の奥へ引くと同時に口を開け「ァオー」と音を伸ばす。最後は息のみの「トゥッ」で終わる。

214 【a:】 fightの過去形（戦った）

fought

ターンッ♪
ファオートゥッ
短く

「フォウト」ではない。上前歯を軽く下唇に当て息のみを出す「f」から口を開けて「ファオー」と伸ばす。最後は息のみの「トゥッ」で終わる。

＼ Practice! ／

215 **(My friend brought his naughty dog) (to my house).**

ンマィ フゥレンドゥッ ブゥロァオートゥッ ヒズ ンナァオーディ ドァオッグッ トゥマィ ハァウス 友人がやんちゃな犬を連れて私の家に来た。

※下線のあるカタカナは短く発音する。*は、カタカナ表記不可。

【əl】
オォ **al**

【əl】
オォ **el**

【əl】
オォ **ol**

【əl】
オォ **ul**

単語の語尾にくる「al / el / ol / ul」=「母音＋ l」は、「あいまいな母音 a 」と「適当の L 」を合わせた弱い音になります。口の力を抜いて弱くあいまいな音を出し、中途半端な「l」の発音へとつなげます。※例外もあります。

〈発音〉のポイント

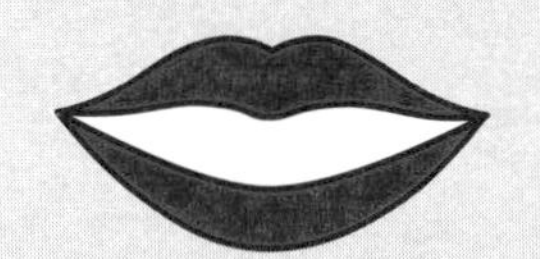

口をわずかに開けリラックスしたままはっきりしない弱い音を出し、舌を歯の裏に押し当てない中途半端な「l」の音になめらかにつなげます。ややこもった「オォ」のような音になります。

al / el / ol / ul を発音してみよう

216 【əl】 最後の

final

タン・ター♪
ファィナォ

下唇に上の前歯を軽く乗せ勢いよく息を吐き「ファィ」。「ハミングのｎ」を入れ、「ナ」と「ノ」の間のようなあいまいな音に「適当のＬ」をつなげる。

217 【əl】 ～をキャンセルする

cancel

タン・ター♪
キェァンソォ
短く

カタカナ英語の「キャンセル」に引きずられないようにしよう。あごを下げ「つぶれたａ」を出し、強めに「キェァン」。語尾は口をリラックスさせ「適当のＬ」で「ソォ」。

218 【əl】 象徴、記号

symbol

タン・ター♪
スィンボォ

「助走音のｓ」から始まり、「鼻音のｍ」で唇を軽く合わせ「スィン」。口の力を抜き「ボォ」と弱めの音で終わる。

219 【əl】 役に立つ

useful

タン・ター♪
イュースフォ

口を少し開け「ィュース」を発音。「ズ」ではなく「助走音のｓ」。すばやく上の前歯を下唇に軽く当て、すき間音「フォ」を出し「適当のＬ」で終わる。

Step 4

＼ Practice! ／

220 **(I got a novel) (and a beautiful towel) (at a local shop).**

アィガダンノォヴォ エァンダ ビュゥディフォ タゥォ アッタ ローコォショップッ 地元の店で小説ときれいなタオルを買った。

※カタカナにある下線は短く発音する。

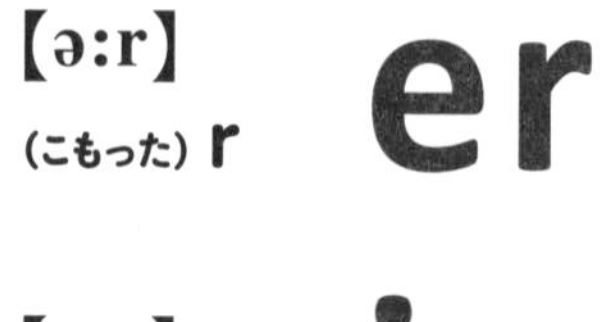

【ə:r】
(こもった) r **er**

【ə:r】
(こもった) r **ir**

【ə:r】
(こもった) r **ur**

口は半開きのまま唇を軽く前に出します。舌の付け根をのどのほうへ引き、のど元から「ア〜」とこもった音を出します。舌先が口の中のどこにも触れないよう注意しましょう。

〈発音〉のポイント

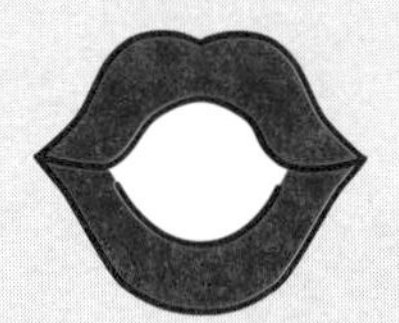

口を軽く開け、舌をのどの奥へグッと引き、のどに響かせて犬がうなるような音を出します。舌の先端は宙に浮いたままで上あごに付けないこと。

er / ir / ur を発音してみよう

🔊 221 【ə:r】 人

person

ター・タン♪

パrスンヌ

音なしの破裂音「p」で始まり、唇をすぼめて舌の付け根を奥へ引き、こもった「ァ」の音を発音。「son」は「ソン」ではなく「スン」に似た音を弱めに出す。

🔊 222 【ə:r】 シャツ

shirt

ターンッ♪

シュァrトゥッ

唇をすぼめ「シュ」と息のみを出した後、舌の付け根を奥へ引いてこもった「ァ」の音を出す。最後は軽めの無声音「トゥッ」で終わる。

🔊 223 【ə:r】 1番め（序数）

first

ターンッ♪

ファrストゥッ

下唇と上の前歯の間から勢いよく息を吐く「f」から、すばやく唇を前に出しこもった「ァ」の音へとつなげる。語尾の「ストゥッ」は無声音で弱く短めに終わる。

Step 4

🔊 224 【ə:r】 戻る

return

タ・ターン♪

ゥリタrンヌ

あたまに短い「ゥ」を入れるつもりで発音すると「r」の音が出しやすい。弱い「ゥリ」の後、「t」で上あごを舌先で弾き、こもった「r」の音へとつなぐ。最後は「ハミングのｎ」。

\ Practice! /

🔊 225 **(Her printer is dirty).**

ハr プゥリンタr イズ ダrディ

彼女のプリンターは汚れている。

※下線のあるカタカナは短く発音する。

【a:r】
アァr

ar

まず口を縦に開け普通の「ア」を出します。音を伸ばす途中で、徐々に口を閉じながら舌の付け根をのどのほうへ引き、「r」のうなり音へとスライドさせます。最初の「ア」から音をこもらせず、2段階で音が変化するのを意識しましょう。

〈発音〉のポイント

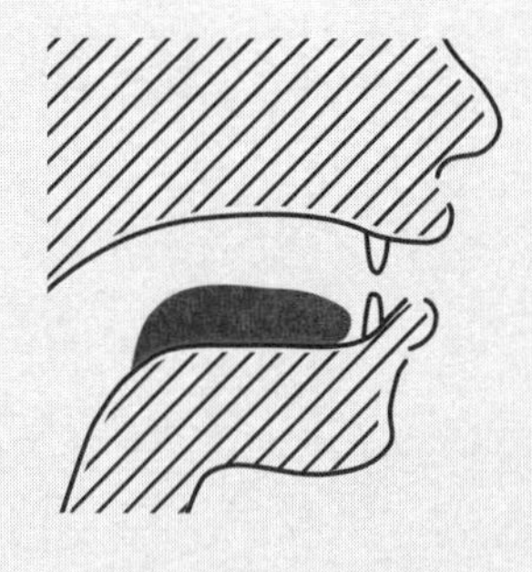

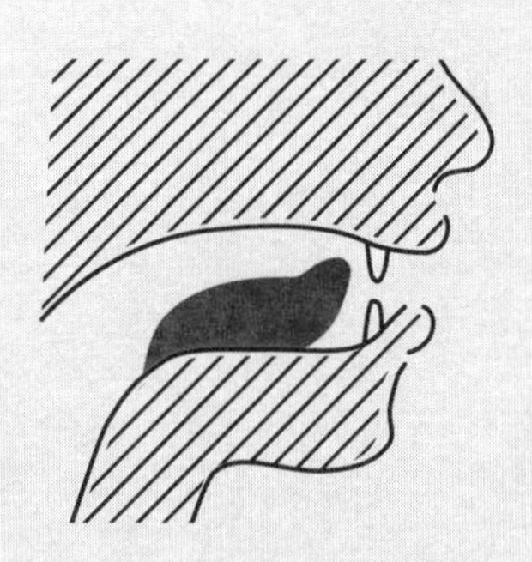

軽くあごを下げ、ゆるい「ア」を発音します。そのまま音は伸ばしながら口を半分閉じ、舌の付け根を奥へ引いて、こもった「ァ」の音へと移行させます。舌の先端は軽く上にカーブした状態で宙に浮かせ、上あごに付けないこと。

ar を発音してみよう

🔊 226 【a:r】 農場

farm

タ〜ン♪

ファrンム

息のみを出す「f」の後、あごを下げ「ァr」の音へとつなげる。「ァ」を出した後に口を閉じ、舌の根元を奥へ引きながらこもった「ァ」の音へと変化させる。「鼻音のm」で唇を閉じて終わる。

🔊 227 【a:r】 公園

park

タ〜ンッ♪

パァrクッ

音なしの破裂音「p」で始まり、口を開けて「ァ」の音を伸ばし、途中で舌を後ろへ引き「r」のこもった音に変える。最後は無声音の「クッ」でのどから息のみを出す。

🔊 228 【a:r】 暗い

dark

タ〜ンッ♪

ダァrクッ

舌を前歯の裏の歯ぐきに当てて押し出す「d」の後、すばやくあごを下げ「ダァ」と音を出す。普通の「ァ」の後、舌を動かしこもった「ァ」へと音を変える。最後は無声音の「クッ」。

🔊 229 【a:r】 腹ペコの

starving

タ〜・タン♪

スタァrヴィンg
(短く)

無声音の「st」から口を開けて「ァ」。音を伸ばす途中で口を閉じ、舌を引いて音をこもらせる。上前歯を下唇に当て「ヴィ」で下唇を外へ弾く。最後の「ンg」(→P174)は消えるか、ごく弱い音で。

\ Practice! /

🔊 230 **(I'm starting a new part-time job) (in March).**

アィンム スタァrディンガ ヌゥ パァrッタィンム ジァォブッ イン マァrチッ

3月に新しいパートの仕事を始める。

※下線のあるカタカナは短く発音する。

Step 4

【ɔ:r】
オォr

or

「o」で口を縦に開け、のどを開くイメージで「オ」の音を出します。音を伸ばす途中で、徐々に口を閉じながら舌の付け根をのどのほうへ引き、「r」のうなり音へとスライドさせます。最初から音をこもらせず、2段階で音が変化するのを意識しましょう。

〈発音〉のポイント

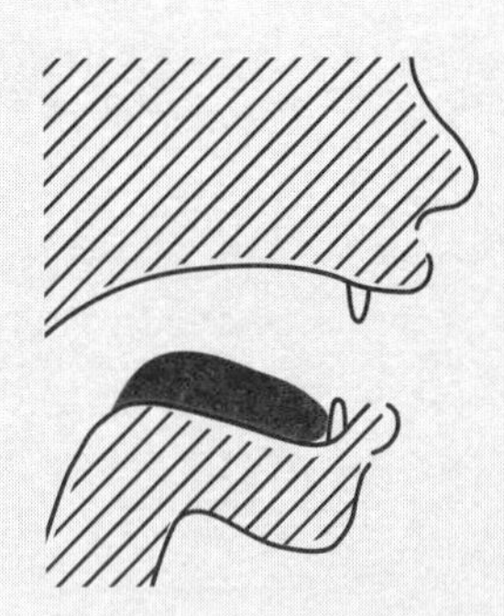

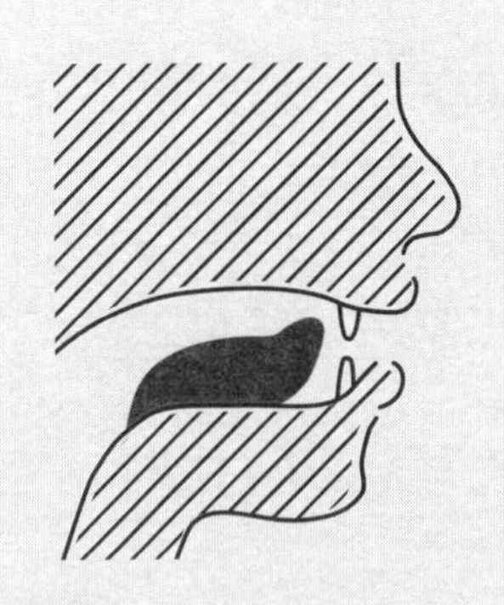

あごを下に落とし「オ」を発音します。音を伸ばしている途中で口を半分閉じ、舌の付け根を奥へ引いて「r」の音へと移行させます。舌の先端は軽く上にカーブした状態で宙に浮かせ、上あごに付けないこと。

or を発音してみよう

231【ɔ:r】 短い

short

タ〜ンッ♪
ショォrトゥッ

唇をすぼめ「シュ」と息のみを出し、すぐ口を縦に開け「ォ」の音を出し伸ばす。徐々に口を閉じ、舌の根元を奥へ引きながらこもった「ォ」の音へと変化させる。最後は息のみの「トゥッ」。

232【ɔ:r】 力

force

タ〜ン♪
フォrス

息だけの無声音「f」から、口を縦に開け「ォ」の音へとつなげる。「ォ」の途中で舌を動かし、こもった「ォ」の音に変える。最後は、「無声音のｓ」で「ス」と鋭く息のみを出す。

233【ɔ:r】 コード

cord

タ〜ン♪
コォrドゥッ

「c」で舌の根元を上あごの奥に付け「クッ」と息を吐き出すと同時にあごを下げ、いったん「ォ」を出した後、舌を引きこもった「ォ」の音に変える。最後は「ド」ではなく「ドゥッ」と弱めの破裂音で終わる。

234【ɔ:r】 朝

morning

タ〜・タン♪
ンモォrニンg

鼻に響かせる「鼻音のｍ」で「ンモ」。すぐにあごを下げ、「オ」から「r」の入った「ォ」と２段階で音を出す。後半は「ニング」と言わず「ニンｇ」と鼻に響かせる。

Step 4

\ Practice! /

235 **(I ordered four forks) (for the party).**

アィ オrダrドゥッ フォr フォrクス フォr *ダ パァrディ
パーティーのために4本のフォークを注文した。

*は、カタカナ表記不可。

【wər】
ゥワr

wor

【ər】のあたまに【w】を加えた音。まず、唇を丸めて前に突き出します。「ゥワ」で唇を少し開くのと同時に舌の付け根をのどのほうへ引き、のど元から「ア～」とこもった音を出します。舌先が口の中のどこにも触れないよう注意しましょう。

〈発音〉のポイント

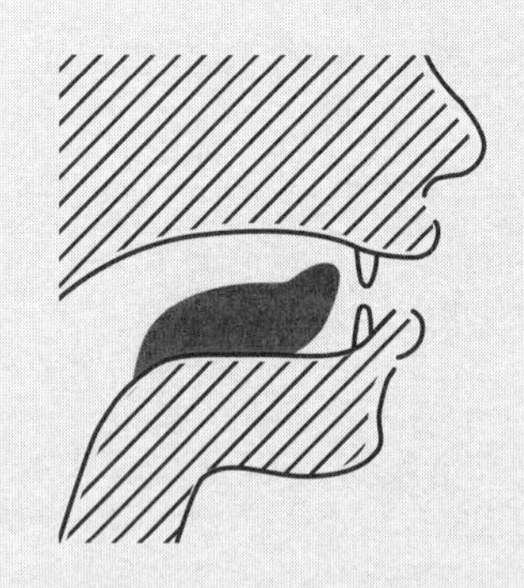

日本語の「ワ」のように口を開けず、唇を中心に集めるように軽くとがらせます。音を出すと同時に唇をほどき半開きにし、舌の付け根をぐっと引き、のどに響かせて犬がうなるような音を出します。

wor を発音してみよう

236 【wər】 文字

word

タ～ン♪
ゥワrドゥッ

唇を丸くとがらせ、「ゥワ」と音を出した瞬間に唇の力を抜く。舌の付け根を奥へ引き、こもった「r」の音を伸ばし、最後は「ド」ではなく「ドゥッ」と弱めの破裂音で終わる。

237 【wər】 価値のある

worth

タ～ン♪
ゥワr*ス

唇を丸くとがらせ、「ゥワ」と音を出した瞬間に唇の力を抜く。舌の付け根を奥へ引き、こもった「r」の音を伸ばし、最後は「無声音の th」で舌先を上下の歯ではさみ強く息を吐きこすれた音を出す。

238 【wər】 宿題

homework

タ～・タ～ン♪
ホォゥムゥワrクッ

前半は、口を縦に開け「ホォゥ」で息と音を同時に出しながら口を閉じ「鼻音の m」で唇を合わせる。後半は、アヒル口で舌を引き「ゥワ r」とこもった音を出す。最後は弱い無声音の「クッ」。

239 【wər】 家事

housework

タ～・タ～ン♪
ハァゥスゥワrクッ

「助走音の h」から「ァゥ」の音、無声音「ス」へとなめらかにつなげ「ハァゥス」。後半は、アヒル口で舌を引き「ゥワr」とこもった音を出す。最後は弱い無声音の「クッ」。

\ Practice! /

240 **(I travel around the world) (for work).**

アィトゥラヴォァゥラゥンドゥッ*ダゥワrォドゥッ フォrゥワrクッ
私は仕事で世界中を旅する。

※下線のあるカタカナは短く発音する。*は、カタカナ表記不可。

Step 4

【εər】
エアr
air

【εər】
エアr
are

【εər】
エアr
ear

口角にあまり力を入れず軽く口を開けて「エ」の音を出します。徐々に口を閉じながら舌の付け根をのどのほうへ引き、「r」の入ったこもった「ア」の音へとスライドさせます。

〈発音〉のポイント

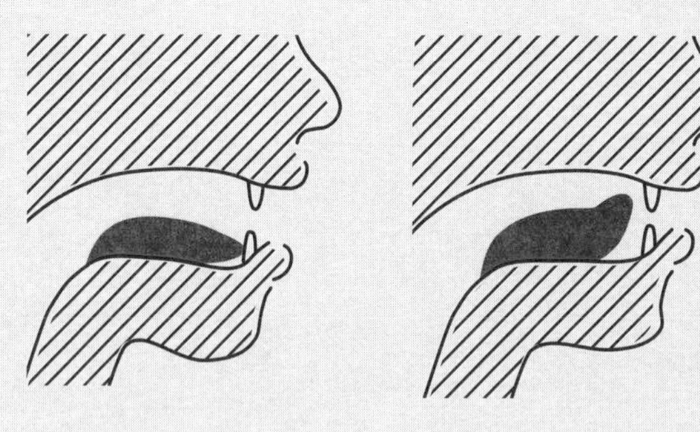

口を横に引きすぎず、軽くあごを下げた状態で「エ」を発音します。そのまま舌の付け根を奥に引いて「r」のこもった音へと移行させます。舌の先端は軽く上にカーブした状態で宙に浮かせ、上あごに付けないこと。

air / are / ear を発音してみよう

241 【ɛər】 階段

stair

タ〜♪
ステェアr
短く

「助走音のｓ」の後、破裂音「t」で上あごを舌で弾きなめらかに「ェァ」へとつなげる。「ェ」で下ろしたあごを戻しながら舌の根元を奥へ引き、こもった「ァ」の音へと変化させる。

242 【ɛər】 まれな

rare

タ〜♪
ゥレァr

「r」を意識してうなり音を出し「レ」で口を開け、「エァ」へとつなぐ。「ァ」で口を戻しながら舌を引き、再び「r」のこもった音を出す。

243 【ɛər】 気にかける

care

タ〜♪
ケァr

舌の根元を上あごの奥に付け、勢いよく息のみを吐きながら「ケッ」。そこから「エァ」へとつなげ音を出す。「ァ」で口を戻しながら舌を引き、「r」のこもった音を出す。

244 【ɛər】 〜を着用している

wear

タ〜♪
ゥウェァr

唇をとがらせ、「ゥウェ」でほどくのと同時にあごを一気に下げる。そのままなめらかに「ェァ」の音を出す。口を閉じていき、アヒル口にして「r」のこもった音を出す。

\ Practice! /

245 **(I need to) (repair the chair).**

アィンニーットゥゥリペァr*ダ チェァr
その椅子を修理しないといけない。

*は、カタカナ表記不可。

【iər】
イアr
ear

【iər】
イアr
eer

【iər】
イアr
ere

口を少し横に開いて「イ」の音を出します。口を中心に向かって閉じながら、舌の付け根をのどのほうへ引き、こもった「ア」の音へとスライドさせます。

〈発音〉のポイント

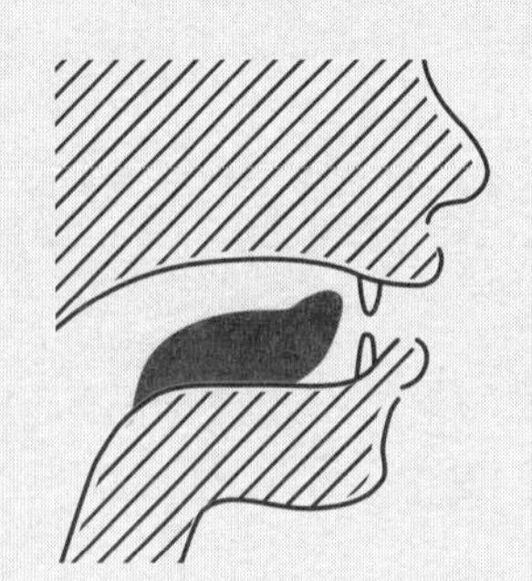

軽く口を開けた状態で、唇を左右に引いて「イ」を発音します。強く横に引きすぎないこと。そのまま舌の付け根を奥へ引いて「r」のこもった音へと移行させます。舌の先端は軽く上にカーブした状態で宙に浮かせ、上あごに付けないこと。

ear / eer / ere を発音してみよう

🔊246 【iər】 涙

tear

タ～♪
ティァr

舌の先端を上あごに付け、あたまに「ッ」を入れるイメージで「ティ」と発音する。唇を四角くするように突き出し、舌の付け根を奥に引きながら「ァr」とこもった音を出す。

🔊247 【iər】 現れる

appear

タ・タ～♪
ァピィァr

あいまいで弱い「ァ」の音を短く発音し、すばやく上下の唇を合わせて「ピッ」と息を破裂させ、「ィァ」の音へとつなげる。日本語の「イア」とは違い、「ァ」で舌を引き「r」のこもった音を出す。

🔊248 【iər】 エンジニア

engineer

タン・タ・タ～♪
ェンジニィァr

日本語での発音とは違い、最後にアクセントを置く。「エンジ」までを弱くさらっとつなげ、最後の「ニィァr」を強く長めに発音する。

🔊249 【iər】 ここ

here

タ～♪
ヒィァr

口を軽く横に引き、「助走音のh」でお腹から息のみを吐き始め、「ィァ」でのどから音を出す。「ァ」で舌を引き「r」のこもった音を出す。「hear」(聞く)と同じ発音。

＼ Practice! ／

🔊250 **(Where is) (my camping gear)?**

ゥウェァr イズ ンマィ キェァンピンギァr
私のキャンピング用品はどこ?

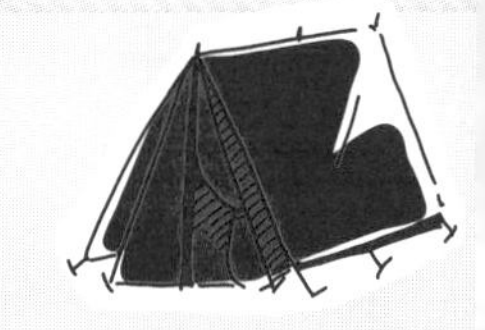

※下線のあるカタカナは短く発音する。

Step 4

Step 4 確認テスト

次の問題 1 〜 12 を解いて、答えを右の解答欄に書きましょう。答えは P231 にあります。

問題 1	次の文を読んで、正しければ T、誤りであれば Fを書こう。 **「cousinの『ou』と justや runの『u』は同じ発音である」**
問題 2	次の文を読んで、正しければ T、誤りであれば Fを書こう。 **「driverの『er』と seminarの『ar』は同じ発音である」**
問題 3	🔊 4-01 を聞いて、「look」の「oo」と同じ音が聞こえないのは次のうちどの単語？ should / roof / book / good
問題 4	🔊 4-02 を聞いて、「awful」の「aw」と同じ音が聞こえないのは次のうちどの単語？ audio / own / bought / tall
問題 5	🔊 4-03 を聞いて、発音されているのは次のうちどれ？ thought / though
問題 6	🔊 4-04 を聞いて、発音されているのは次のうちどれ？ cord / card
問題 7	🔊 4-05 を聞いて、発音されているのは次のうちどれ？ Airpods / Earpods
問題 8	🔊 4-06 を聞いて、発音されているのは次のうちどれ？ were / wore
問題 9 〜 12	次のそれぞれの音声を聞いて、英文を書き取ろう。 問題 9：🔊 4-07　問題 10：🔊 4-08 問題 11：🔊 4-09　問題 12：🔊 4-10

※音声のダウンロードは P13 を参照。

解答欄

問題 1	
問題 2	
問題 3	
問題 4	
問題 5	
問題 6	
問題 7	
問題 8	
問題 9	
問題 10	
問題 11	
問題 12	

Column Step 4

アルファベットは違っても発音が同じものがある？

やっぱり英語って難しい〜。
「hear」と「here」って発音が一緒って、なんで!?

わかる。スペルや意味が違うのに発音が同じってややこしいよね。
そういう単語のことを「Homophone」って言うよ。

この２つ以外にもたくさんあるの？

たくさんじゃないけどあるよ。「for/four」「son/sun」とかね。

それってどうやって聞き分けるの？

単語だけ聞いたら確かにわからないね。
でも、会話だと話の内容でわかるもんだよ。

あ、そっか。別に単語だけで会話しないもんね。

そうだよ。I'm here. だったら「hear」にはならないよね。
be動詞の後に動詞の原形がそのまま付くことはないし。

なるほど。

日本語にもそういうのあるでしょ？
例えば、**「はし」**ってだけ言われても意味わからないじゃない？

確かに！ **「橋」「端」「箸」**、全部**「はし」**で、どの**「はし」**かわからない。

それが、文で**「あのはしを渡ろう」**だったら**「橋」**のこと、**「はしまで拭いてね」**なら**「端」**だなってすぐピンとくるはず。

うん、文だとわかるね。

英語も同じで、会話になれば話の流れでわかるよ。
ここで問題。「see」と「sea」、I want to go to the……に続くのはどっちの単語？

「sea」！

正解！ **単語だけでなく文脈から判断してね。**

Next Step! >>>

Step 4

Step 5

合体変身子音レッスン

1 二次元コードから音声をダウンロード。
音声【◀)) 251】〜【◀)) 350】を聞いて発音のイメージをふくらませよう。

2 本書を読みながら発音してみよう。

3 1と2を繰り返して、
発音に磨きをかけよう!

大人のフォニックス **Step 5**

「合体変身子音」で英語らしいリズムに変身

フォニックスもStep 5に突入！　だいぶ発音レベルが上がったんじゃないかと思うんだ。

ふふふ。喜んでいるところ悪いんだけど、今発音した**「phonics（フォニックス）」**。この発音にもポイントがあってね……。

う、うん（発音の指摘が鋭い）……。そういえば、フォニックスのスペルって**「ph」**で始まるんだ。

そう！　子音（母音ではない音）が2つ並んでいるよね。それが……。

もしかして、Step 4でやった「合体変身母音」ならぬ、**「合体変身子音」**ってこと？

That's right!　よくわかったね。
子音が2つ（または3つ）並ぶと別の音に変身する「合体変身子音」で、「th」や「ng」「wh」などがあるよ。

げ……。**「th」**は苦手。

「th」が苦手と思う人は多いけど、力を抜くと意外とかんたんにできるよ。それよりも**「ng」**のほうができてない人が多いかな。174ページにあるからやってみよう！

ちぐさ流発音レッスン Step 5

「1＋1→1.3読み」でリズムの核心がわかる

日本語って1字1字にはっきり音があるからわかりやすいんだけど、英語は字のつながりによって音が変わるから、スムーズな発音が難しい。

そうだね。例えば「こん」って、「こ」で1音と「ん」で1音で、2音になる。日本語は「1＋1＝2」っていう音の足し算のイメージだね。そのまま読めばいい。でも、英語の場合は**「1＋1→1.3」**っていうのもあるんだよ。

ど、ど、どういうこと？

例えば、「blanket」の**「b」**と**「l」**を足し算すると、**「ブッ」「ンラ」**って**「タン・タン♪」**のリズムだと思うよね。

うんうん。

これが、**「1＋1→1.3」**の発音だと**「ブラ」**って音が縮まって**「タン♪」**になるんだよ。「blanket」は**「ブレエアンキットウツ」**。

早口だね。まるで**「ブ」**と**「ラ」**を一緒に発音しているみたい。

そう聞こえるよね。
この「1＋1→1.3」発音のポイントは、最初の音を出しすぎないこと。

難しい……。

これは口の動きとリズムに慣れるのがポイントだね。

たくさんあるの？

例えば、**「strong」**の**「str」**とかがそうだね。身近な単語に結構多いかな。子音が3つ続くのもあるよ。

えええええ！ カタカナ読みの**「ストロング」**じゃないんだね。

リズムも語尾もカタカナ読みとは違って全体で1拍って感じ。一緒に本編で練習してみよう。

ちぐさ先生の

動画で発音レッスン！
～「短い音を出す単語」編～

ちぐさ先生が動画で解説します。
二次元コード（URL）より見てみよう。

https://kanki-pub.co.jp/pages/otonaphonics

Let's get started! >>>

【ʃ】シ sh

日本語の「シャ行」に近い音ですが、母音の音は出さず、息のみを勢いよくたくさん吐き出します。唇を丸めて突き出し、歯のすき間からこすれた音を出すのがポイント。自分では大げさだと思うくらい思い切り息を吐きましょう。

〈発音〉のポイント

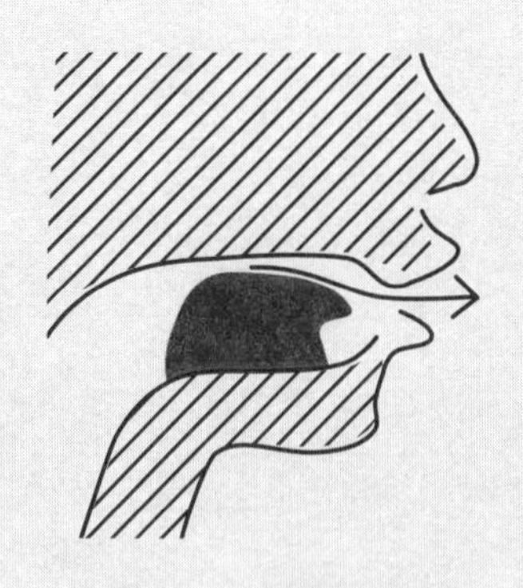

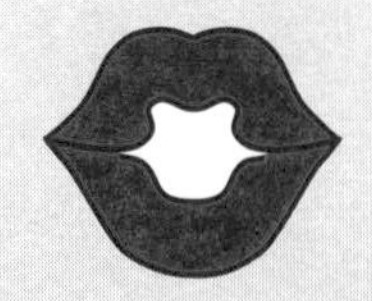

上下の歯を合わせ、唇を気持ち縦長に丸めて前に出します。「シッ、静かに！」という時の「シッ」のように息のみを強く速く吐き出します。のどを震わせない無声音。

sh を発音してみよう

251 【ʃ】 ショック

shock

タン♪
シャアオックッ
短く

カタカナの「ショック」とは違い、１拍で発音する。唇を丸め、歯のすき間から息を漏らし助走をつけた後、勢いよく「シャッ」と音を出し口を縦に開ける。最後は無声音の「クッ」でのどから息のみを出す。

252 【ʃ】 ～を共有する

share

タ～♪
シェアr

唇をとがらせ、勢いよく息を吐き始め、「ェァ」の音へとつなげる。「エ」であごを下に落とし、戻しながら舌の根元を奥へ引き、こもった「ァ」の音へと変化させる。

253 【ʃ】 現金

cash

タ～ン♪
キェアシュ
短く

「キャ」ではなく、唇を横に引きあごを下げ「つぶれたａ」を出し「キェァ」。最後は口をすぼめ「シュ」と息のみを強く吐く。

254 【ʃ】 英語

English

タン・タン♪
イングリッシュ
短く

「エ」の混じった「イ」のような音を出し、鼻から抜けるような「ング」へとつなげて「イング」になる。舌先を上の前歯の裏に置く「リ」の後、歯を閉じ口を軽くとがらせて「sh」。

Step 5

＼ Practice! ／

255 **(She saw a shark) (from the ship).**

シィー ソォーァ シャアrクッ フゥラアンム *ダ シップッ
彼女は船からサメを見た。

※下線のあるカタカナは短く発音する。*は、カタカナ表記不可。

【k】
クッ
ch

【tʃ】
チッ
ch

【ʃ】
シ
ch

【k】Step 1の「c / k」と同じ音。日本語の「カ行」を母音を入れずに息のみで出します。

【tʃ】日本語の「チャ行」を母音を入れずに息のみで出します。

【ʃ】「sh」の音と同じ。日本語の「シャ行」を母音を入れずに息のみで出します。

〈発音〉のポイント

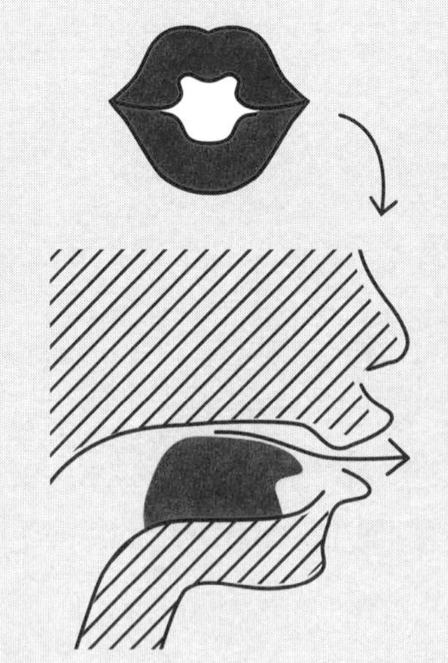

【k】舌の根元を上あごの奥に付けて「クッ」と強く息を吐きます。

【tʃ】左図のように唇をとがらせ、舌を上の歯ぐきに付けて「チッ」と息を破裂させます。

【ʃ】歯を合わせ、唇を前に突き出し「シ」と強く息を吐きます。

ch / ch / ch を発音してみよう

256 【k】 お腹、胃

stomach

タン・タン♪
スタァマックッ
（短く）

２つの無声音「助走音のｓ」と「破裂音のｔ」に短い「ァ」の音をつなげ「スタァ」までを一気に発音。「タ」の部分を一番強く言う。「鼻音のｍ」を入れ、あいまいに「マック」。語尾の「ch」は【k】の音でのどから息のみを出し「クッ」と発音。

257 【k】 テクノロジー

technology

タン・タ・タ・ター♪
テェクンナラジィ

舌で上の歯ぐきを弾きながら力強く息を出す「テェ」と、のどから息を出す【k】で「テェク」。鼻から抜ける「ナ」を強めに出し、舌先を前歯の裏に置き「ラ」、最後は「ジィ」と伸ばす。

258 【tʃ】 チーズ

cheese

ターン♪
チィーズ

この「ch」は【tʃ】。アヒル口で「チィ」と息を強く破裂させ音を伸ばす。終わりは「z」の音。上下の歯を合わせ、すき間から息を出しながらこすれた音を出し弱めの「ズ」で終わる。

259 【ʃ】 パンフレット

brochure

タン・ター♪
ブウロゥシュアr
（短く）

「br」が「bl」にならないように、破裂音「ブ」の後に舌の付け根を後ろへ引き「ブウロゥ」。この「ch」は【ʃ】で、唇をすぼめて「シュ」とこすれた音を出した後、すぐに舌を奥へ引き、こもった「r」の音を出す。

Step 5

＼ Practice! ／

260 **(An architect chatted with a chemist) (on Christmas).**

アンナーキテクトゥッ チャディドゥッ ウィ*ズ ァケミストゥッ
オン クゥリスメス 建築家は化学者とクリスマスの日に会話した。

※下線のあるカタカナは短く発音する。 *は、カタカナ表記不可。

【θ】 *ス **th**

【ð】 *デゥ/*ズ **th**

【θ】「無声音の th」
舌の先端を上と下の歯で軽くはさみ、強く息を出しながらこすれた音を出します。出すのは息のみで、声帯は震えません。

【ð】「有声音の th」
息の出し方は上と同じですが、違いはのどに触れた時に声帯が震えること。「デゥ」とも「ズ」とも言いにくい、カタカナでは表せない音です。

〈発音〉のポイント

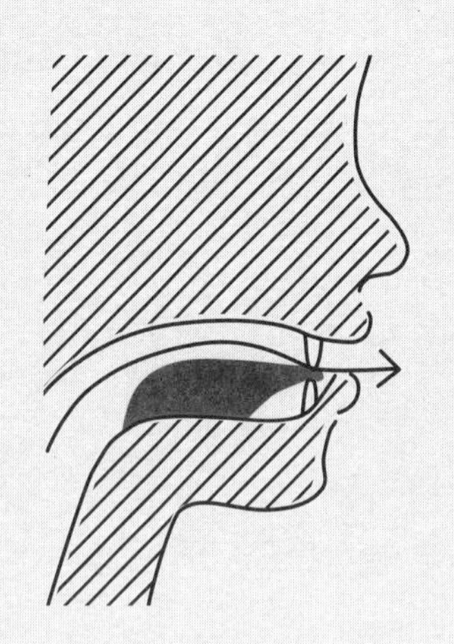

軽く口を開け、あごはリラックスした状態で舌先を上下の前歯で軽くはさみます。前歯の裏に当てるだけでも OK。舌を前に出しすぎたり、強く噛みすぎたりして息の通り道をふさがないようにしましょう。

th / th を発音してみよう

261 【θ】 厚い

thick

タン♪
*スィックッ

「無声音のth」で舌を上下の歯で軽くはさみ、強く息を出しながらこすれた音を出すのと同時に舌をのどのほうにすばやく引く。最後は無声音の「クッ」でのどから息のみを出す。

262 【θ】 両方の

both

タ〜ン♪
ボゥ*ス

唇で息を破裂させる「b」から「オゥ」へとつなげ「ボゥ」。舌先を前に出し、上下の歯の間から少し先端が見えるくらいの位置ではさみ、強く息を出しながらこすれた音を出す。日本語の「ス」とは違い、「無声音のth」。

263 【ð】 彼らを

them

タン♪
*デェンム

「有声音のth」も舌の動かし方は「無声音のth」と同じ。違いはのどを触ると震えを感じること。息を吐きながら「th」(*デェ)の音を出し、同時に舌を奥へ引く。最後は鼻から抜ける「鼻音のm」で終わる。

264 【ð】 母親

mother

タ・ター♪
ンマ*ダァr

あたまに「ン」を入れると「鼻音のm」が出しやすい。「ンマ」の後、すばやく舌先を歯と歯の間にはさみ、息と音を出して「*ダ」。発音すると同時に舌を後ろへ引き、こもった「ァ」の音を出す。口を大きく開けないこと。

\ Practice! /

265 **(Their teeth are healthy) (and clean).**

***デェア ティー *ス ァr ヘェオ *スィー エアン クリィーンヌ**

彼らの歯は健康で清潔だ。

※下線のあるカタカナは短く発音する。*は、カタカナ表記不可。

Step 5

【w】
ウワ

「wh」を含む単語のほとんどは、スペルの「h」を無視して「w」のみ発音します。日本語の「ウ」を言う時よりも唇をギュッと丸めて突き出すのがポイント。「ウ～」と音を出しながら唇の力を抜くと「ゥヮ」という音が出ます。人を驚かす時の「ワッ！」を、先に唇をとがらせてから言うイメージです。
※例外として、whoなど後ろに「o」が続く単語は、逆に「w」を無視して「h」のみ発音します。

〈発音〉のポイント

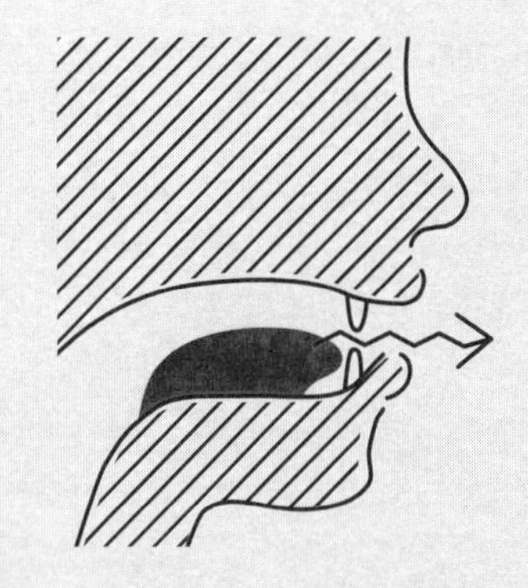

日本語の「ワ」のように口を開けるのではなく、唇をとがらせて前に突き出した後、フッと力を抜いて唇を引きリラックスさせます。

wh を発音してみよう

🔊 266 【w】 ～の間

while

タン♪
ゥワァイォ

「w」の発音と同じで、唇をしっかりとがらせ「ウ」と音を出し、「ワァィ」を言うと同時に唇を脱力させ口を開ける。最後は「適当のＬ」で「ル」とはっきり言わず弱い「ォ」のようなあいまいな音で終わる。

🔊 267 【w】 小麦

wheat

タン♪
ゥウィートゥッ

丸めた唇の形から始まり、一気に力を抜いて口を横に引きながら「ゥウィー」と伸ばす。最後は舌先で上あごを軽く弾き、弱めの無声音「トゥッ」で終わる。

🔊 268 【w】 なぜ

why

タン♪
ゥワァィ

「ホワィ」ではない。丸めた唇をフッとほどいて「ゥワ」と言うのと同時に口を大きく開け長めの「ァィ」へとつなげる。最後の「ィ」で力を抜き、口角が少し上がったスマイルの口の形で終わる。

🔊 269 【w】 なに

what

タン♪
ゥワァトゥッ

「w」の音で唇をとがらせた後、「ゥワァ」で一気に唇をほどいて口を開ける。最後は舌先を上の歯ぐきに付けて「トゥッ」と勢いよく弾く。実際の会話では「t」の音が脱落して「ゥワァッ」で終わることが多い。

\ Practice! /

🔊 270 **(When did you see) (a whale)?**

ゥウェンヌ ディジュゥ スィー ァ ウェイォ
いつクジラを見たの？

Step 5

【f】
フ

gh

「f」と同じ発音です。下唇の内側に上の前歯を軽く乗せ、勢いよく息を吐き出します（無声音）。日本語の「フ」とは違い、唇を前に突き出しません。

〈発音〉のポイント

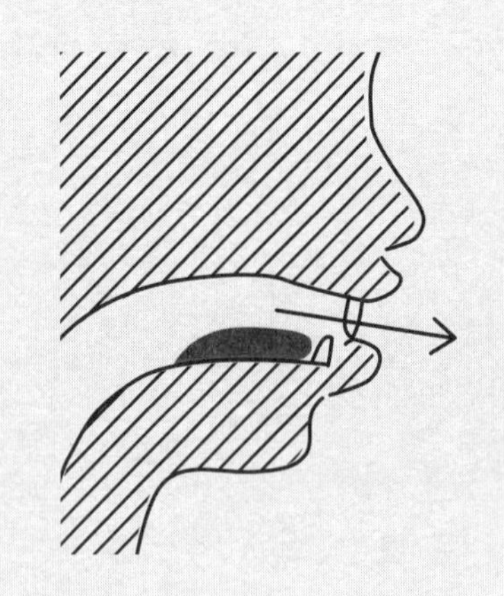

下唇の外側ではなく内側の部分に上の前歯を軽く置き、唇と歯のすき間から鋭く速く息を出します。唇は横に引かず、力を抜いた状態にします。

gh を発音してみよう

271 【f】 粗い

rough

タン♪
ゥラフ

少し唇を前に出し、舌の付け根を奥へ引いてうなるように「ゥラ」と短く音を出し口を開ける。すぐに口を閉じて下唇の内側に上の前歯を軽く置き、「フ」と息のみを吐く。

272 【f】 咳

cough

タン♪
カフ

舌の根元を上あごの奥に付けて一瞬のどをしめた後、一気に息を出し「カ」を短く発音。すぐに口を閉じて下唇の内側に上の前歯を軽く置き、「フ」と息のみを吐く。

273 【f】 頑丈な

tough

タン♪
タフ

舌先を上あごに置いて圧をかけた後、勢いよく舌を後ろに引き「タ」を短く発音。開いた口を閉じて「f」の発音へと移り息のみで「フ」。

274 【f】 笑う

laugh

タン♪
ンラエァフ
短く

前歯の裏に押し付けた舌先を下ろすのと同時に、唇を横に引きあごを下げ「エ」と「ア」の中間の音で「ンラエァ」。口を閉じて「f」の発音へと移り息のみで「フ」。上の「rough」との違いに注意。

Step 5

\ Practice! /

275 **(I didn't have enough money).**

アィ ディドゥントゥッ ハヴィナフ マニィ
十分なお金を持っていなかった。

【f】 フ ph

「f」、「gh」と同じ発音です。下唇の内側に上の前歯を軽く乗せ、勢いよく息を吐き出します（無声音）。日本語の「フ」とは違い、唇を前に突き出しません。

〈発音〉のポイント

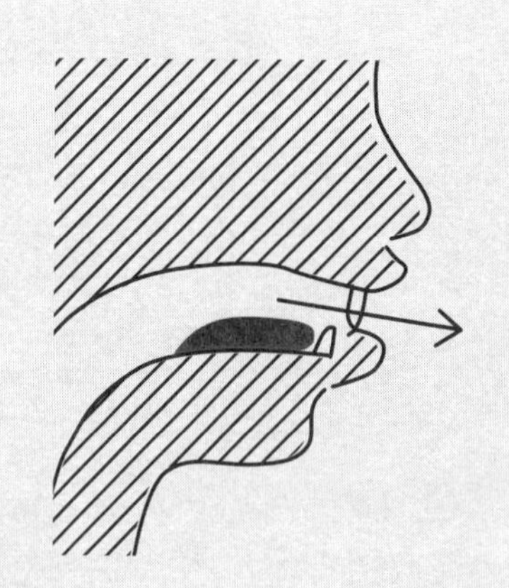

下唇の外側ではなく内側の部分に上の前歯を軽く置き、唇と歯のすき間から鋭く速く息を出します。唇は横に引かず、力を抜いた状態にします。

ph を発音してみよう

🔊276 【f】 アルファベット

alphabet

タン・タ・タン♪

エアォファベットゥッ
（エアォ：短く）

あたまに強勢を置く。「エ」と「ア」の中間の「つぶれた a」から「適当のL」へとつなげ「エアォ」。すぐに「f」の発音をはさみ、短く「ファ」、唇を合わせて「ベッ」と息を弾き弱い「トゥッ」で終わる。

🔊277 【f】 ヘッドホン

headphones

タン・タ〜ン♪

ヘェドゥッフォウンズ

「助走音のh」で息のみを吐き出してから「ェ」で音を出し「ヘェ」。「d」の音は抜け落ちるかごく弱い「ドゥッ」になる。２拍めは「f」の音から始まり「フォウンズ」と音の変化をつける。

🔊278 【f】 フォニックス

phonics

タ・タン♪

ファォニックス
（アォ：短く）

下唇の内側に上の前歯を軽く置き、強く息を吐きながら「ファォ」で口を開ける。「ハミングのn」をはさみ「二」と「ネ」の間の音を発音し、最後は無声音で息のみで「クス」。

🔊279 【f】 薬局

pharmacy

ター・タ・ター♪

ファrマスィ

上の前歯と下唇の間から息を吐き出し「ファ」で口を開ける。舌の付け根をのどの奥に引いて「r」のこもった音を出す。「鼻音の m」を短くはさみ、最後は「シィ」でなく「スィ」と息のみを出す。

＼ Practice! ／

🔊280 **(I took some photos) (with my phone).**

アィ トゥックッ スァンム フォウドォウズ ウィ*ズ マィ フォウンヌ

携帯で写真を撮った。

*は、カタカナ表記不可。

【k】 クッ ck

「c / k」と同じ音です。日本語の「カ行」を母音を入れずに息のみで発音するイメージです。のどに力を入れて空気の通りを一瞬せき止めた後、「クッ」とお腹から勢いよく息を吐きます。

〈発音〉のポイント

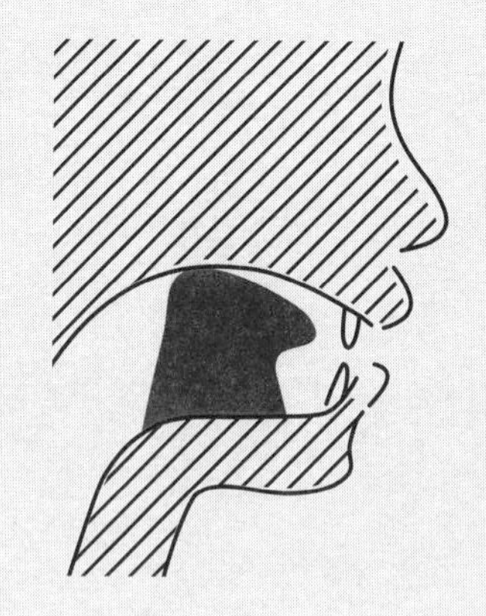

口はわずかに開け、唇はリラックスしたまま。舌の根元部分の両端を上あごの奥に付けて一瞬空気の流れを止めた後、解放するように「クッ」と息のみを吐き出します。

ck を発音してみよう

281 【k】 選び取る

pick

タン♪
ピィックッ

息だけの破裂音「p」から、「エ」に近い「イ」へとつなげ「ピィ」を発音。口を横へ開きすぎないよう注意する。最後は舌の根元を上あごの奥に付け、「クッ」と息を破裂させて終わる。

282 【k】 首

neck

タン♪
ンネェックッ

「ハミングのｎ」で鼻から抜ける「ン」を出し、あごを軽く下げて「ネェ」の音へとつなげる。語尾の「クッ」はのどに力を入れて息のみを出す。

283 【k】 幸運な

lucky

タ・タン♪
ンラッキィ

舌先を前歯の裏に押し付けて、少し音を溜めてから「ンラ」で舌を引く。すぐに舌の根元を上あごの奥に付け、勢いよく息を出しながら「キィ」を発音。

284 【k】 背中

back

タン♪
バェアックッ
（ェア：短く）

唇で息を破裂させる「b」から始まり、口を横に引きあごを下げて「つぶれたａ」へとつなげ「バェア」。最後は無声音の「クッ」でのどから息のみを出す。

Step 5

＼ Practice! ／

285 **(I checked) (my clock).**

アィ チェックトゥ マィクロアォックッ
時計を確認した。

※下線のあるカタカナは短く発音する。

【ŋ】ンg ng

「n」と同じ鼻音ですが、舌の位置が違います。舌の根元の部分が上がり舌先は下げたまま、「ン」とハミングするように鼻に響かせて音を出します。日本語で「キング」と言う時の「ン」の舌の位置です。語尾の「ng」は「ング」と発音しないので注意しましょう。

〈発音〉のポイント

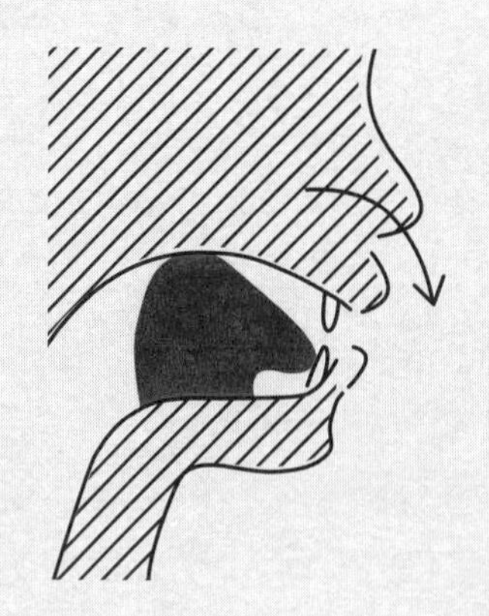

口をほんの少しだけ開け、舌の根元を持ち上げ上あごの奥にぴたっと押し付けます。息の流れをせき止めた状態で、ハミングする時のように鼻に響かせて音を出します。「n」の発音では舌先を上の歯ぐきに付けるところ、「ng」では下げたまま、舌の根元部分のみ上げます。

ng を発音してみよう

🔊 286 【ŋ】 物、事

thing

タン♪
*スィンg

「無声音の th」で、舌を上下の歯で軽くはさみ、強く息を出しながらこすれた音を出し、「*スィ」と発音するのと同時に舌を引く。「ng」で舌の付け根を上あごの奥に付けて「ンg」と鼻から音を出す。「グ」の音は出さない。

🔊 287 【ŋ】 指輪

ring

タン♪
ゥリンg

唇をやや前に出し「r」のこもった音を出し「ゥリ」で舌を奥へ引く。「ng」の発音は上記と同じ。語尾はほとんど聞こえないと思ってよい。

🔊 288 【ŋ】 肺

lung

タン♪
ンランg

舌先を前歯の裏に押し付け、少し音を溜めてから舌をすばやく下ろし、短く「ラ」の音を出す。最後は舌の付け根を上あごの奥に付けて「ンg」と鼻から音を出す。

🔊 289 【ŋ】 結婚式

wedding

タ・タン♪
ゥウェディンg

軽く唇をとがらせ、「ゥウェ」でほどくのと同時にあごを少し下げる。舌先で上あごを軽く弾いて「ディ」。舌の根元部分を上あごに付け「ng」へとつなげる。

Step 5

🔊 290 **(I had a long meeting) (in the morning).**

アィ ハエアダア ロォンg ンミィーディンg イン *ダ モォrニンg
今朝長いミーティングがあった。

※下線のあるカタカナは短く発音する。*は、カタカナ表記不可。

【s】ス **ce**

【s】ス **ci**

【s】ス **cy**

「s」の発音と同じです。上下の歯を軽く噛み合わせ、唇は突き出さず力を抜きます。合わせた歯のすき間から勢いよく息を吐き出すと、こすれたような鋭い音が出ます。
※単語によっては「sh」の発音となる例外もあります。

〈発音〉のポイント

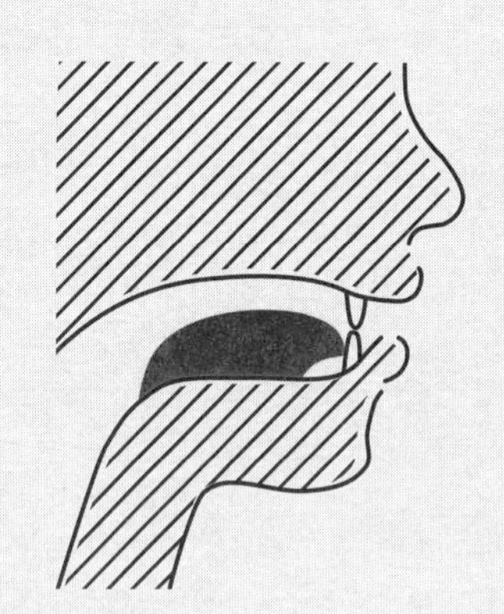

上と下の歯を軽く合わせます。唇はリラックスさせ、舌の先端は下の前歯の裏に付けたまま歯のすき間から強く速く息のみを出します。

ce / ci / cy を発音してみよう

291 【s】 顔

face

タン♪
フェィス

下唇の内側に上の前歯を軽く乗せて勢いよく息を吐く「f」に「エィ」の音をつなげて「フェィ」を発音。最後は歯のすき間から息のみを出す「s」の音で終わる。「サイレントｅ」で「a」がアルファベット読みになり最後の「e」は発音しない。

292 【s】 セロリ

celery

タ・タ・ター♪
セラリィ

「助走音のｓ」で歯のすき間から息を漏らし始めて「セ」の音につなげる。すぐに舌先を前歯の裏に当て、弾くのと同時に「ラ」に近いあいまいな音を短く出す。最後は舌を引き「r」のこもった音で「リィ」。

293 【s】 薬

medicine

タ・タ・タン♪
ンメディスンヌ

鼻から抜ける「鼻音のm」で「ンメ」、舌で上あごを弾き「ダ」に近いあいまいな「ディ」をそれぞれ短く発音。すき間音「s」と「ハミングのｎ」をつなげて「スンヌ」で終わる。日本語の「シン」ではない。

294 【s】 ～を再生利用する

recycle

タ・タン・ター♪
ゥリサィコォ

唇をやや前に出し「r」のこもった音を出し「ゥリ」で舌を奥へ引く。すぐに歯のすき間から息を漏らし「サィ」を強めに発音。終わりは「適当のＬ」で「コォ」と伸ばす。

Step 5

＼ Practice! ／

295 **(The juice is spicy).**

*ダ ジュゥス ィズ スパィスィ
このジュースは辛い。

*は、カタカナ表記不可。

【dʒ】 ジュッ **ge**

【dʒ】 ジュッ **gi**

【dʒ】 ジュッ **gy**

「j」の発音と同じです。上下の歯を合わせた状態で唇を突き出します。舌の先端を上あごに当て、力を入れて空気の流れを止めた後、一気に舌を弾き、息を強く速く吐き出して「ジュッ」とのどを震わせながら破裂音を出します。

〈発音〉のポイント

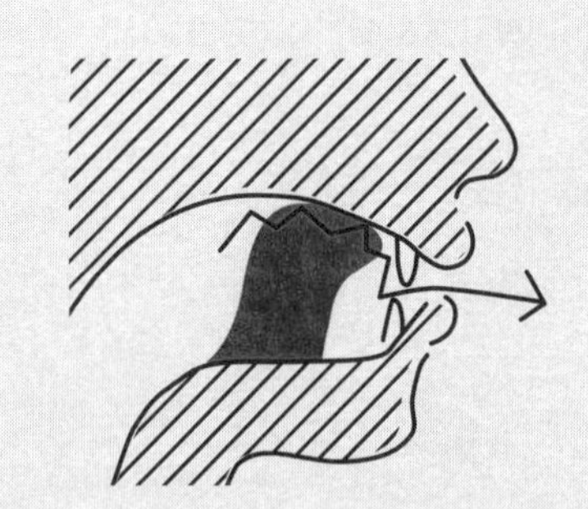

唇を突き出し、舌の先端を上あご（前歯の裏の歯ぐきより少し後ろ）に付けて圧をかけ、空気をせき止めます。息を吐きながら勢いよく舌を離す瞬間に発音します。

ge / gi / gy を発音してみよう

🔊 296 【dʒ】 大きい

large

ター ン♪
ンラァrジュッ

舌先を前歯の裏に押し付け「ンラ」で舌を引き下ろし縦に口を開ける。閉じながら舌の付け根を奥へ引き、こもった「ァ」の音を出す。終わりは唇を軽く前に出し歯を閉じたまま息を破裂させて「ジッ」に近い「ジュッ」を発音。

🔊 297 【dʒ】 ページ

page

ター ン♪
ペェイジュッ

息だけの破裂音「p」から「エィ」の音へとつなげ「ペェィ」。日本語の「ページ」ではなく「サイレントe」で「a」が「エィ」とアルファベット読みになる。語尾は「large」と同じ。

🔊 298 【dʒ】 数字の桁

digit

タ・タン♪
ディジッ トゥッ

舌先を上あごに当て圧をかけた後、舌先を勢いよく離して「ディ」。続けて上下の歯を合わせ唇を少し前に出す。舌の先端を上あごに押し付けて勢いよく離し「ジッ」。ごく弱い「トゥッ」で終わる。

🔊 299 【dʒ】 生物学

biology

タン・タ・タ・ター♪
バィオラジィ

「バィ」を弱く発音した後、縦に口を開け「ア」に近い「オ」を強めに出す。舌先を前歯の裏に当てて下ろし「ラ」、最後は唇をやや前に出し、合わせた歯の間から息を出し「ジィ」。

Step 5

＼ Practice! ／

🔊 300 **(I saw a giant package) (in the gym).**

アィ スァオー ァ ジャイアン トゥッ パッケィジ イン *ダ ジィンム
ジムで大きな荷物を見た。

*は、カタカナ表記不可。

「p」＋「l」、または「p」＋「r」、２つの子音をすばやくつなげた音です。どちらも日本語の「プル」のように母音の音が入らないよう注意しましょう。

【pl】 プル　pl

【pr】 プゥラ　pr

【pl】「p」で唇を弾かせた後、すばやく「l」に移り、舌先を上前歯の裏に押し当て、離します。
※単語の途中や語尾の「pl」は発音が変わることがあります。

【pr】「p」で唇を弾かせた後、舌の付け根を奥へ引き「r」のこもった音を出します。「r」に移る際に舌が上あごに付かないように。

〈発音〉のポイント

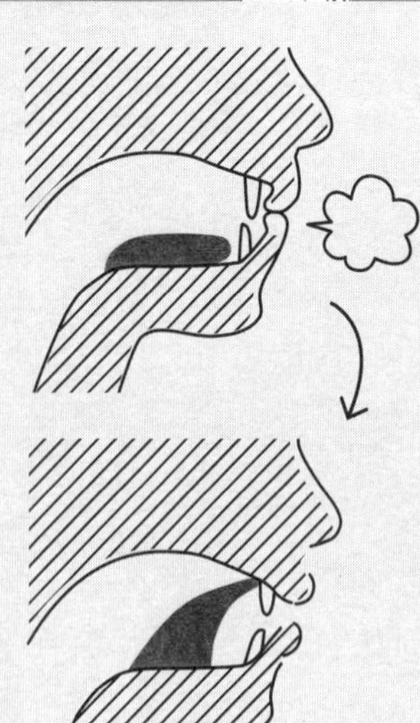

まずは「p」と「l」、または「p」と「r」を交互に繰り返し言う練習をし、徐々にスピードを上げるとよいでしょう。

【pl】左図のように上下の唇を合わせて息を破裂させるのとほぼ同時に舌先を移動し、のどに響かせて「ル」と発音します。

【pr】上下の唇を合わせて息を破裂させるのとほぼ同時に「r」の音を出します。唇をやや前に出し、小さい「ゥ」を入れると「r」が発音しやすくなります。

pl / pr を発音してみよう

🔊 301 【pl】 植物

plant

タン♪
プレェアントゥッ
（プ：短く　レ：短く）

唇を弾いて「プッ」と息のみを出し、すばやく舌先を上前歯の裏に動かし「l」の音につなぐ。口を四角く開けるつもりで「つぶれたａ」を入れ「レェアン」と長めに発音。舌先で上あごを軽く弾き、弱めの無声音「トゥッ」で終わる。

🔊 302 【pl】 ～を探索する

explore

タン・タ～♪
エクスプロォアr
（プ：短く）

弱い「エ」と無声音「クス」で弱く「ex」。唇での破裂音「p」とほぼ同時に舌先を上前歯の裏に動かし「pl」。舌先を離すと同時に口を縦に開けて「ロ」。口を閉じながら舌を後ろへ引き「r」のうなり音に移る。

🔊 303 【pr】 価格

price

タン♪
プゥライス
（プゥ：短く）

上下の唇を合わせ息を破裂させる「p」とほぼ同時に「r」で舌の付け根を奥に引き「pr」。「ゥラ」で口を開け、「ラアィ」の音の変化を意識して発音し、歯のすき間から息のみ漏らす「助走音のｓ」で終わる。

🔊 304 【pr】 誇らしげな

proud

タン♪
プゥラゥドゥッ
（プゥ：短く）

「pr」の発音は上記と同じ。「ゥラ」で口を開け、「アゥ」の音の変化を意識しながら「ゥ」で口を半分閉じる。語尾は弱い破裂音「ドゥッ」で終わる。

\ Practice! /

🔊 305 **(This plastic plate) (is pretty).**

*ディス プラスティックッ プレイトゥッ イズ プゥリディ
このプラスチックのお皿はかわいい。

※下線のあるカタカナは短く発音する。*は、カタカナ表記不可。

Step 5

【bl】 bl
ブル

【br】 br
ブゥル

「b」＋「l」、または「b」＋「r」、２つの子音をすばやくつなげた音です。どちらも日本語の「ブル」のように母音の音が入らないよう注意しましょう。

【bl】「b」で唇を弾かせ「ブッ」と発音した後、すばやく「l」に移り、舌先を上前歯の裏に押し当て、離します。
※単語の途中や語尾の「bl」は発音が変わることがあります。

【br】「b」で唇を弾かせ「ブッ」と発音した後、すぐに舌の付け根を奥へ引き「r」のこもった音を出します。「r」に移る際に舌が上あごに付かないように。

〈発音〉のポイント

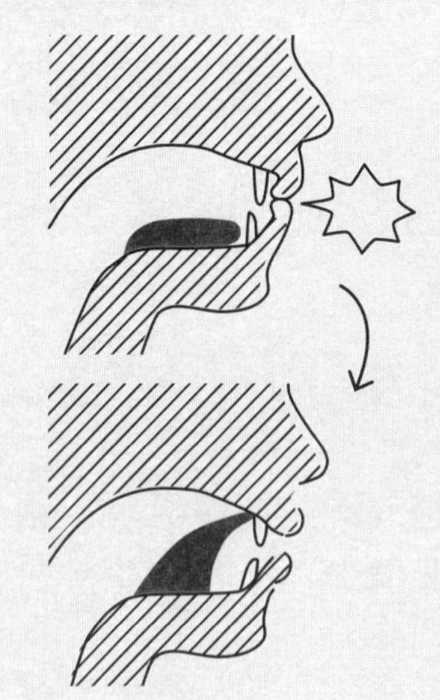

まずは「b」と「l」、または「b」と「r」を交互に繰り返し言う練習をし、徐々にスピードを上げるとよいでしょう。

【bl】左図のように上下の唇を合わせて破裂音「b」を出すのとほぼ同時に舌先を移動し、のどに響かせて「ル」と発音します。

【br】上下の唇を合わせて破裂音「b」を出すのとほぼ同時に「r」の音を出します。唇をやや前に出し、小さい「ゥ」を入れると「r」が発音しやすくなります。

bl / br を発音してみよう

🔊306 【bl】 ブログ

blog

タン♪

ブロアォグッ

短く 短く

破裂音「b」を出すのとほぼ同時に「l」で舌先を上歯ぐきに押し当て「bl」。舌先を離すのと同時にあごを下げ「ラ」と「ロ」の間の音をやや長めに出す。最後は息とともに「グッ」という音を弱めに出す。

🔊307 【bl】 毛布

blanket

タン・タン♪

ブレエアンキットゥッ

短く 短く

「bl」の発音は上記と同じ。舌先を離すのと同時にあごを下げ、「ア」と「エ」の間の音「ェァ」で「レエアン」。のどに力を入れて「キッ」と息のみを出し、ごく弱い「トゥッ」で終わる。

🔊308 【br】 脳

brain

タ〜ン♪

ブゥレェィンヌ

短く

唇を合わせ息を破裂させる「b」とほぼ同時に「r」で舌の付け根を奥に引き「br」。そこから「エィ」と音の変化を意識して発音し、「ハミングのｎ」で終わる。

🔊309 【br】 パン

bread

タ〜ン♪

ブゥレェドゥッ

短く

「br」の発音は上記と同じ。口角を横に引きすぎずあごを少し下げ「ェ」の音をやや長めに出し、語尾は弱い破裂音「ドゥッ」で終わる。

\ Practice! /

🔊310 **(I broke my blender).**

アィ ブゥロゥクッ マィ ブレンダr

ブレンダーを壊した。

※下線のあるカタカナは短く発音する。

Step 5

【kl】 クル cl

【kr】 クウラ cr

「c」＋「l」、または「c」＋「r」、2つの子音をすばやくつなげた音です。どちらも日本語の「クル」のように母音の音が入らないよう注意しましょう。

【kl】「c」で舌の根元を上あごの奥に付け、空気の通りを一瞬せき止めた後、舌を離して「クッ」と勢いよく息を吐きます。すばやく「l」に移り、舌先を上前歯の裏に押し当て、離します。

【kr】上と同様に「c」を発音後、すばやく舌の付け根に力を入れて奥へ引き「r」のこもった音を出します。「r」に移る際に舌が上あごに付かないように。

〈発音〉のポイント

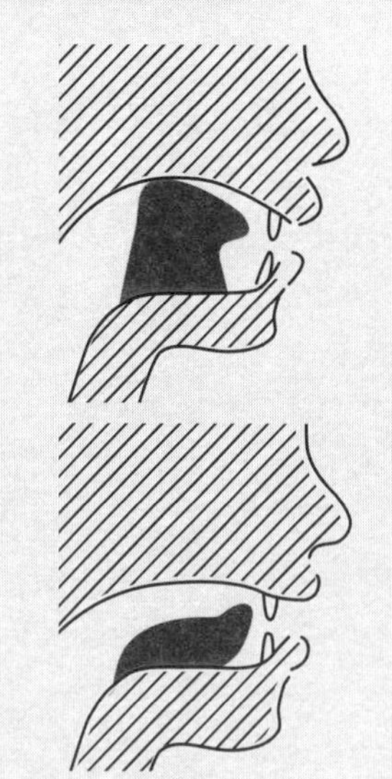

まずは「c」と「l」、または「c」と「r」を交互に繰り返し言う練習をし、徐々にスピードを上げるとよいでしょう。
【kl】口はわずかに開け、「c」で息のみを吐いて、唇を丸めてつき出さないこと。すぐに「l」のポジションに移り、舌先を上の前歯の裏に押し当てのどに響かせて「ル」と発音し、舌を離します。
【kr】左図のように口はわずかに開け、「c」で息のみを吐いてすぐに唇をやや前に出し、「r」の音を出します。急ぎすぎて音が混ざらないように。

cl / cr を発音してみよう

🔊311 【kl】 賢い

clever

タ・ター♪
クレヴァr
（ク：短く）

舌の根元を上あごの奥に付け、勢いよく「クッ」と息を吐くのとほぼ同時に「l」で舌の先端を上前歯の裏に押し当て、離すのと同時に「レ」と発音。上の前歯を下唇に軽く乗せ「ヴァ」で下唇を外へ弾き、舌を引き、こもった「r」の音を出す。

🔊312 【kl】 清潔な

clean

ターン♪
クリィーンヌ
（ク：短く）

のどに力を入れて勢いよく息を吐いた後、すばやく舌の先端を上前歯の裏に押し当て、離すのと同時に口角を横に引き「リィー」と音を伸ばす。語尾は「ハミングのｎ」で鼻から抜けるような「ンヌ」で終わる。

🔊313 【kr】 クラッカー

cracker

タン・タン♪
クゥラカr
（クゥ：短く）

のどに力を入れて「c」を出すのとほぼ同時に、舌の付け根を引き「r」の音へと移り「クゥラ」。再度「c」の音でのどを一瞬しめ、息を吐きながら「r」の音へとつなげ、こもった「カｒ」を発音。

🔊314 【kr】 気味の悪い

creepy

タン・ター♪
クゥリーピィ
（クゥ：短く）

のどから息を出す「c」と、こもった「r」の音をほぼ同時に言う感覚で「cr」を発音。そのまま「ゥリー」で伸ばす。最後は唇で息を弾いて「ピィ」。

＼Practice!／

🔊315 **(I went to a country club), (and there was a huge crowd).**

アィゥウェントゥァカントゥリィクラブッェンッ*デァゥワズァヒュウジクゥラゥドゥッ カントリークラブに行ったら、とても混雑していた。

※下線のあるカタカナは短く発音する。*は、カタカナ表記不可。

Step 5

【gl】
グル
gl

【gr】
グゥラ
gr

「g」＋「l」、または「g」＋「r」、２つの子音をすばやくつなげた音です。どちらも日本語の「グル」のように母音の音が入らないよう注意しましょう。

【gl】舌の根元を上あごの奥に付け、空気の通りを一瞬せき止めた後、舌を離して「グッ」と勢いよく息を吐きます。すばやく「l」に移り、舌先を上前歯の裏に押し当て、離します。

【gr】上と同じように「g」を発音した後、すばやく舌の付け根を奥へ引き「r」のこもった音を出します。「r」に移る際に舌が上あごに付かないように。

〈発音〉のポイント

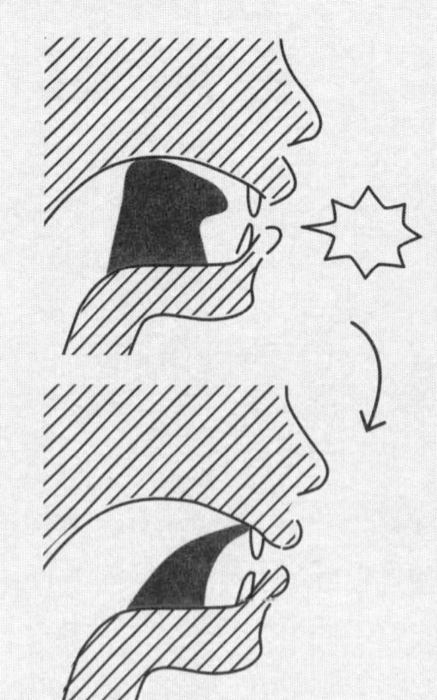

まずは「g」と「l」、または「g」と「r」を交互に繰り返し言う練習をし、徐々にスピードを上げるとよいでしょう。

【gl】左図のように口はわずかに開け、息を出しながら「g」を発音し、すぐに「l」のポジションに移ります。唇を丸めてつき出さないこと。

【gr】口はわずかに開け、息を出しながら「g」を発音し、すぐに唇をやや前に出し、「r」の音を出します。急ぎすぎて音が混ざらないように。

gl / gr を発音してみよう

316 【gl】 眼鏡

glasses

タン・タン♪

グレエァスィズ
短く 短く

のどに力を入れて「g」、ほぼ同時に舌先を前歯の後ろに置き「l」の音へ移り「gl」を速く発音。舌を離すのと同時にあごを下げ「つぶれたａ」で「レエァ」を強めに出し、歯のすき間から空気を出しながら「スィズ」で終わる。

317 【gl】 醜い

ugly

ター♪

アグリィ
短く

口を半開きにして短い「ア」を発音。上記の要領で「gl」をすばやく出し、「l」で舌を離すのと同時に「リィ」と音を伸ばす。あたまに強勢を置く。

318 【gr】 育つ

grow

ター♪

グゥロゥ
短く

のどを一瞬しめて息を出す「g」と、こもった「r」の音をほぼ同時に言う感覚で「gr」を発音。すぐにあごを下げ「オ」を長めに。そこから口を閉じなめらかに短い「ゥ」へとつなげて「ロゥ」。

319 【gr】 〜をつかむ

grab

タン♪

グゥラエァブッ
短く 短く

「gr」の発音は上記と同じ。舌を引く「r」から「エ」と「ア」の中間の「つぶれたａ」へとつなげて「ゥラエァ」。上下の唇を軽く合わせて「ブッ」と息を弾いて終わる。

\ Practice! /

320 **(My grandpa has) (grey gloves).**

ンマィ グゥランパ ハエァズ グゥレィ グラヴズ

おじいちゃんは灰色の手袋を持っている。

※下線のあるカタカナは短く発音する。

Step 5

【fl】 フル fl

【fr】 フゥラ fr

「f」＋「l」、または「f」＋「r」、２つの子音をすばやくつなげた音です。どちらも日本語の「フル」のように母音の音が入らないよう注意しましょう。

【fl】下唇の内側に上の前歯を軽く乗せ、すき間から勢いよく息のみを出します。すばやく「l」に移り、舌先を上前歯の裏に押し当て、離します。

【fr】上と同じように「f」を発音した後、すばやく舌の付け根を奥へ引き「r」のこもった音を出します。

〈発音〉のポイント

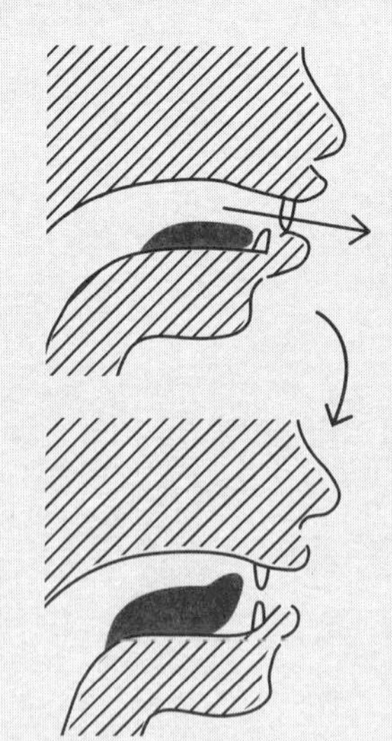

【fl】「f」で速く短く息を吐き出したそばから舌先を上前歯の裏へ移動し、のどに響かせて「ル」と発音します。「f」の音が抜けないようにすること。

【fr】左図のように「f」で速く短く息を吐き出したそばから舌の根元を奥へ引いて「r」のうなる音を出します。「f」で唇や歯の力を抜いて上手に音をつなぐのがコツ。

fl / fr を発音してみよう

🔊 321 【fl】 流れ

flow

タ～♪
フロゥ
短く

息がこすれた音「f」を出すのとほぼ同時に舌の先端を上前歯の歯ぐきに動かし「fl」。「l」で舌先を離すのと同時にあごを下げ「オ」を長めに。そこから口を閉じなめらかに短い「ゥ」へとつなげて「ロゥ」。

🔊 322 【fl】 飛ぶ

fly

タ～♪
フライ
短く

「fl」の発音は上記と同じ。唇を前に出すと「l」が「r」の音に聞こえるので注意する。舌先を離すと同時に口を開け、「ア～ィ」と音の変化を付けて発音する。

🔊 323 【fr】 自由な

free

ター♪
フゥリー
短く

下唇と上の前歯のすき間から息を出すのとほぼ同時に、舌の付け根に力を入れてのど側へ引き「fr」をすばやく発音。口を少し横へ引き「ゥリー」と伸ばす。

🔊 324 【fr】 冷蔵庫

fridge

タン♪
フゥリッジュッ
短く

「fr」の発音は上記と同じ。舌を引く瞬間に「ゥリ」と強く出し、最後は唇を軽く前に出し歯を閉じたまま息を破裂させて「ジッ」に近い「ジュッ」。

Step 5

\ Practice! /

🔊 325 **(I cooked some frozen french fries) (on Friday).**

アィ クゥックトゥ スアンム フゥロゥズン フゥレンチッ フゥライズ オン フゥライディ 金曜日に冷凍のフライドポテトを調理した。

※下線のあるカタカナは短く発音する。

【tr】
トゥラ
tr

【dr】
ドゥラ
dr

「t」＋「r」、または「d」＋「r」、２つの子音をすばやくつなげた音です。どちらも日本語の「トゥル」「ドゥル」のように母音の音が入らないよう注意しましょう。

【tr】舌の先半分を前歯の裏の歯ぐきの部分に、空気の流れを止めるように押し当てます。舌先を勢いよく離すのと同時に「トゥッ」と息のみを出します。すぐに舌の付け根を奥へ引き「r」のこもった音を出します。

【dr】上記の「t」を有声音にした音。舌先を離すのと同時に「ドゥッ」と音を出した後、すぐに「r」の音を出します。

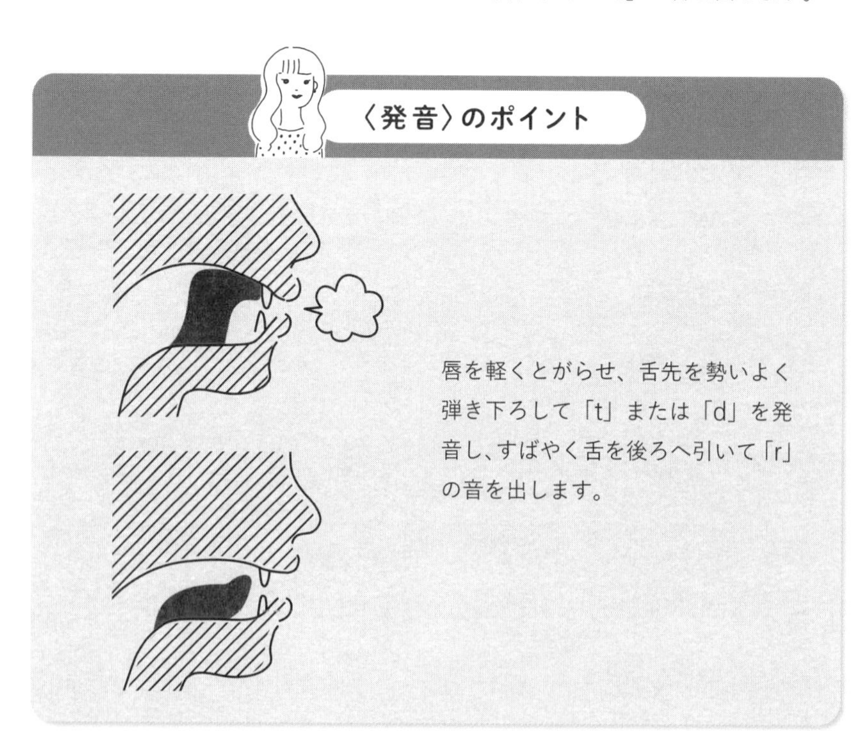

〈発音〉のポイント

唇を軽くとがらせ、舌先を勢いよく弾き下ろして「t」または「d」を発音し、すばやく舌を後ろへ引いて「r」の音を出します。

tr / dr を発音してみよう

326 【tr】 旅行する

travel

タン・タン♪
トゥラヴォ
短く

舌を勢いよく弾くのとほぼ同時に舌を奥へ引き「トゥラ」。「チュラ」のようにも聞こえる。「摩擦音ｖ」と「適当のＬ」で「ヴォ」と伸ばす。

327 【tr】 ゴミ

trash

タン♪
トゥラエアッシュ
短く　短く

「tr」の発音は上記と同じ。「エ」と「ア」の間の「つぶれたａ」を出し、最後は歯を閉じ口を軽くとがらせて息を速く出し「シュ」。

328 【dr】 無人機、ドローン

drone

タン♪
ドゥロォウンヌ
短く

「d」で上あごに当てた舌を勢いよく弾き「ドゥ」と音を出すのとほぼ同時に舌の付け根を奥へ引き「r」のこもった音を出す。すぐにあごを下げて戻し「オウ」。「ハミングのｎ」で終わる。

329 【dr】 乾いた

dry

タン♪
ドゥラァイ
短く

「dr」の発音は上記と同じ。「ドゥラ」または「ヂュラ」のような音になる。すぐにあごを下げて「ア〜ィ」と音の変化を付ける。１拍で一気に発音する。

Step 5

＼ Practice! ／

330 **(I dropped my coffee) (in the train).**

アィ ドゥラァオップトゥ マィ カァフィ イン *ダ トゥレェインヌ
電車でコーヒーを落とした。

※下線のあるカタカナは短く発音する。

【sl】
スル
sl

【sm】
スム
sm

【sn】
スヌ
sn

【sw】
スワ
sw

【s】＋【l】【m】【n】【w】、２つの子音をすばやくつなげた音です。どれも母音の音が入らないよう注意しましょう。

上下の歯を軽く合わせ、歯のすき間から勢いよく息を出し、すばやく【l】【m】【n】【w】それぞれの子音へとつなげます。

〈発音〉のポイント

【s】

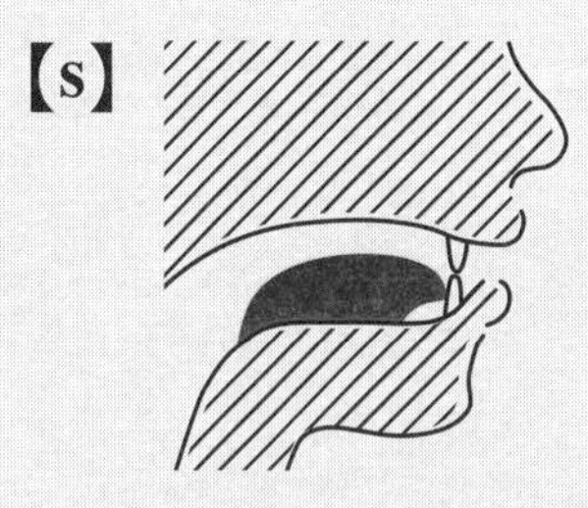

【m】

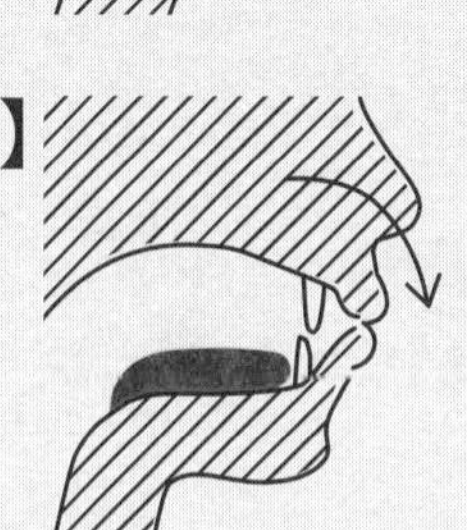

【s】上と下の歯を軽く合わせ、唇はリラックスさせたまま歯のすき間から強く速く息のみを出します。

＋【l】舌先を上の前歯の裏に当て「ル」で舌を離します。

＋【m】上下の唇を合わせて閉じ、「ンム」と鼻から音を出します。

＋【n】口を少しだけ開け、舌先を前歯の裏の歯ぐき部分に当て、「ンヌ」と鼻から音を出します。

＋【w】唇をとがらせて前に出し、「ゥワ」で唇をふっと脱力させます。

sl / sm / sn / sw を発音してみよう

331 【sl】 スライス

slice

タン♪
スラァィス
短く

「助走音のｓ」で歯のすき間から息のみ漏らすのとほぼ同時に「l」で舌を上の前歯の裏へすばやく移して「sl」を発音。舌を離すのと同時に口を開け「ラァィ」を発音し、再び「助走音のｓ」で終わる。

332 【sm】 スムーズな

smooth

タン♪
スムー *ズ
短く

「助走音のｓ」から始まり、唇をぱっと合わせ「鼻音のｍ」へとすばやくつなぎ「sm」。そのまま「ム」と音を伸ばす。最後は舌の先端を上下の前歯で軽くはさみ、強く息を吐いてこすれた「有声音のth」を出す。

333 【sn】 くしゃみ

sneeze

タン♪
スニィーズ
短く

「助走音のｓ」で息を出すのとほぼ同時に「ハミングのｎ」へとつなげ、「ニィー」と音を伸ばす。最後は上下の歯を合わせ強く息を吐き「ズ」の音を出す。最初から最後まで口の形はほとんど変わらない。

334 【sw】 甘い

sweet

タン♪
スウィートゥッ
短く

「助走音のｓ」で息を出しながら唇をとがらせ、「ウィ」でほどく。音をそのまま伸ばし、語尾はソフトに息のみで「トゥッ」。

\ Practice! /

335 **(Mr. Smith swam) (in the small lake).**

ンミスタrスミィ *ス スワェアンム イン *ダ スモォレェィクッ
スミスさんは小さな湖で泳いだ。

※下線のあるカタカナは短く発音する。*は、カタカナ表記不可。

Step 5

【sp】
スプ
sp

【spr】
スプゥラ
spr

【sp】「s」「p」２つの無声音をすばやくつなげます。「助走音のｓ」で歯のすき間から息のみを出し、すぐに「p」で唇を閉じて息を弾きます。日本語の「ス・プ」のように母音の音が入らないよう注意しましょう。

【spr】上記に「r」を加えた３つの子音をすばやくつなげます。「sp」の後、舌の付け根を奥へ引いてこもった音を出します。

〈発音〉のポイント

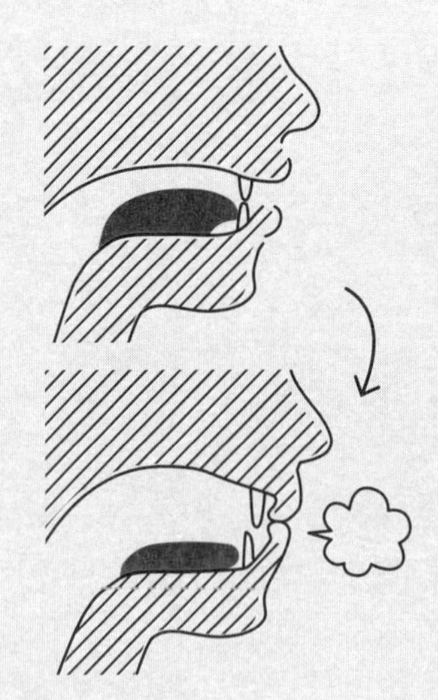

【sp】左図のように上と下の歯を軽く合わせ、唇はリラックスさせたまま歯のすき間から強く速く息のみを出します。すばやく上下の唇を合わせてスイカの種を飛ばすように息を破裂させます。

【spr】上記「sp」の後、唇を少し前に出し、舌は口の奥側へと引き「r」の音を発音します。一連の動きを短く速くスムーズにつなげること。

sp / spr を発音してみよう

336 【sp】 空間

space

タン♪
スペェィス
短く

日本語の「スペ（su・pe）」を母音（u）を入れずに速く発音するイメージ。「サイレントｅ」で「a」は「エィ」と気持ち長めに発音し、「e」は発音しない。最後はあたまの「s」と同じく「ス」と息のみを漏らして終わる。

337 【sp】 スペル

spell

タン♪
スペェォ
短く

歯のすき間から息のみを出す「助走音のｓ」から始まり、唇をぱっと合わせて弾き、「ペ」で初めてのどから音を出す。最後は「適当のＬ」で「ル」とはっきり言わず、弱い「ェ」と「ォ」の間のようなあいまいな音で終わる。

338 【spr】 広がる

spread

タン♪
スプゥレェドゥッ
短く

「spr」を一気に発音する際、「r」で唇を軽くすぼめるとつなげやすい。舌を後ろへ引き「ゥレェ」と発音した後、舌で上あごを弾き弱い破裂音「ドゥッ」で終わる。

339 【spr】 ダッシュする

sprint

タン♪
スプゥリントゥッ
短く

上記と同じで無声音「sp」から「r」までをすばやくつなげる。口を少し横に引き「ゥリン」、最後は舌先で上あごを軽く弾き、弱めの無声音「トゥッ」で終わる。

Step 5

＼ Practice! ／

340 **(I ate spinach) (and drank Sprite).**

アィ エィトゥッ スピナッチ ェン ドゥラェアンクッ スプゥラィトゥッ
ほうれん草を食べてスプライトを飲んだ。

※下線のあるカタカナは短く発音する。

【st】
ストゥッ
st

【str】
ストゥラ
str

【st】「s」「t」２つの無声音をすばやくつなげます。「助走音のｓ」で歯のすき間から息のみを出し、すぐに「t」で舌の先半分くらいを前歯の裏の歯ぐきの部分に押し当て勢いよく離します。

【str】上記に「r」を加えた３つの子音をすばやくつなげます。「st」の後、舌の付け根を奥へ引いてこもった音を出します。

〈発音〉のポイント

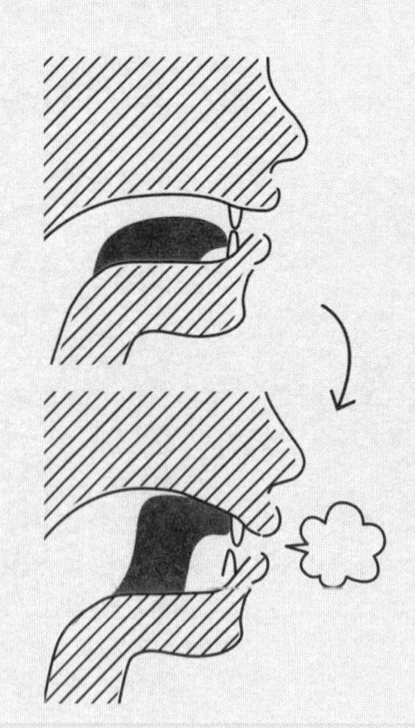

【st】左図のように上と下の歯を軽く合わせ、唇はリラックスさせたまま歯のすき間から強く速く息のみを出します。すばやく舌先半分を上あごに付けて圧をかけた後、息だけを出しながら舌先を勢いよく弾き下ろします。

【str】上記「st」の後、「t」で弾いた舌を口の奥側へと引き「r」の音を発音します。一連の動きを短く速くスムーズにつなげること。

st / str を発音してみよう

🔊341 【st】 滞在する

stay

タン♪
ステェィ
短く

「助走音のｓ」と「破裂音のｔ」を短く速く出し、「エィ」の音へとつなげる。「エ」であごを下げ気持ち長め・強めに音を出し、口を閉じながら「ィ」を短めに。

🔊342 【st】 立つ

stand

タン♪
スタェァンドゥッ
短く 短く

息を吐きながら無声音「st」をつなげ、「t」で舌を弾くのと同時にあごを下げ、「エ」と「ア」の中間の「つぶれたａ」の音を長めに出す。「ハミングのｎ」をはさみ、舌で上あごを軽く弾き「ドゥッ」と弱めの破裂音で終わる。

🔊343 【str】 通り

street

タン♪
ストゥリィートゥッ
短く

口に力を入れすぎないようにして「str」をごく短く出し、「r」の入った「リィー」の音を伸ばす。最後はごく軽く息のみで「トゥッ」。

🔊344 【str】 ストロー

straw

タン♪
ストゥラァォー
短く 短く

母音が入らないように「str」をすばやくつなげ、「r」と同時に口を縦に開けて「ゥラァォー」。「ア」と「オ」の中間の音を出してそのまま伸ばす。

＼ Practice! ／

🔊345 **(The student has) (straight A's).**

*ダ ステゥーデントゥッ ハェァズ ストゥレィトゥッ エィズ
その生徒はオールAだ。

※下線のあるカタカナは短く発音する。 *は、カタカナ表記不可。

Step 5

【θr】 thr
*スウラ

「無声音の th」+「r」、2つの子音をすばやくつなげた音です。どちらも日本語にはない難しい音ですが、「th」で舌先を前に出し歯と歯の間にはさみ、「r」で一気に引く、という舌の動きをしっかり練習しましょう。

〈発音〉のポイント

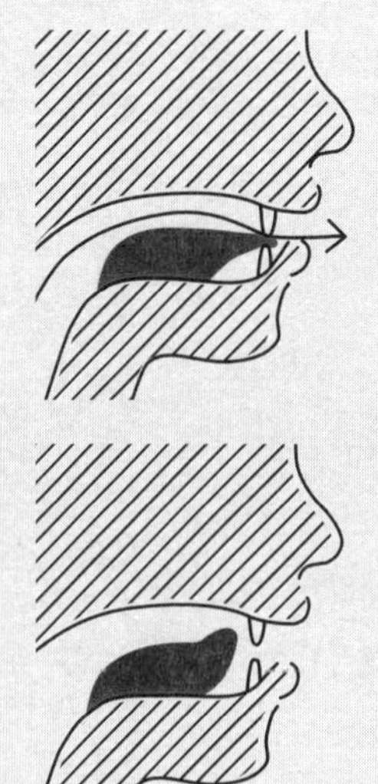

口は少し開け、舌の先端を上下の前歯の間に軽くはさみ強く息を吐き出します。すぐに舌を口の奥側へと引き「r」の音を発音します。「th」で歯や舌に力を入れすぎないのがすばやく音をつなぐコツ。

thr を発音してみよう

346 【θr】 糸

thread

タン♪
*スゥレェドゥッ
短く

「th」で舌先を上下の歯で軽くはさみ、息を吐きながら「r」ですばやく舌を奥へ引き「レェ」の音へとつなぐ。舌で上あごを弾き、弱い破裂音「ドゥッ」で終わる。

347 【θr】 投げる

throw

タン♪
*スゥロオゥ
短く

息を吐きながらこすれた音を出した後、舌を後ろへ引き「thr」までをすばやく発音。うなり音「ゥロ」であごを下げて「ゥ」で戻し「オゥ」と音を変化させる。カタカナ英語「スロー」ではない。

348 【θr】 スリル

thrill

タン♪
*スゥリォ
短く

「thr」までは上記と同じ。「r」で舌を引き「ゥリ」と発音し、最後は「適当のL」で「ル」とはっきり言わず弱い「ウ」と「オ」の間のようなあいまいな音で終わる。

349 【θr】 バスルーム

bathroom

タン♪
バェア*スゥルゥンム
短く　短く

「破裂音b」から「つぶれたa」へとつなげ「バェア」。「thr」の「r」で舌を引き唇を前に出し「ルゥ」の音を伸ばす。最後は「鼻音のm」で終わる。

Step 5

\ Practice! /

350 **(My husband turned thirty three) (yesterday).**

ンマィ ハズバンドゥッ タrンドゥッ *スァrディ *スゥリィ ィエスタrデェイ
夫は昨日33歳になった。

※下線のあるカタカナは短く発音する。*は、カタカナ表記不可。

Step 5 確認テスト

次の問題 1 ～ 12 を解いて、答えを右の解答欄に書きましょう。答えは P232 にあります。

問題 1	次の文を読んで、正しければ T、誤りであれば F を書こう。 **「『th』の発音のしかたは 2 種類ある」**
問題 2	次の文を読んで、正しければ T、誤りであれば F を書こう。 **「again の『n』と something の『n』は同じ発音である」**
問題 3	5-01 を聞いて、**「face」の「ce」と同じ音が聞こえない**のは次のうちどの単語？ second / harsh / case / sign
問題 4	5-02 を聞いて、**「digit」の「gi」と同じ音が聞こえない**のは次のうちどの単語？ energy / huge / jobs / agree
問題 5	5-03 を聞いて、発音されているのは次のうちどれ？ shock / sock
問題 6	5-04 を聞いて、発音されているのは次のうちどれ？ play / pray
問題 7	5-05 を聞いて、発音されているのは次のうちどれ？ bleed / breed
問題 8	5-06 を聞いて、発音されているのは次のうちどれ？ flow / from
問題 9 ～ 12	次のそれぞれの音声を聞いて、英文を書き取ろう。 **問題 9：** 5-07 **問題 10：** 5-08 **問題 11：** 5-09 **問題 12：** 5-10

※音声のダウンロードは P13 を参照。

解答欄

問題 1	
問題 2	
問題 3	
問題 4	
問題 5	
問題 6	
問題 7	
問題 8	
問題 9	
問題 10	
問題 11	
問題 12	

Step 5

Column Step 5

「英語脳」の身に付け方とは？

次の Step 6 からは英文だけになるよ！

わあ、できるかなあ。英文は、単語１つ１つ日本語に訳すから時間かかるし、リスニングも追い付けなくて。

まだまだ**「英語脳」**になっていないね。

なにその脳！　ぼくの脳にインストールしたい！

多くの人がそれを望んでるよね。
私が思う**「英語脳」**は、日本語を介さずに英語を英語のまま理解できる脳のことだよ。

どうやったら、その英語脳になれるの？

まずは**「英語のまま理解する」**ことに脳が慣れないといけないね。
日本人の多くは、**「日本語⇒英語」**って変換グセがついてるからそれを直さないと。

ちぐさせんせ〜、それが出来たら苦労しないよ〜。
どうやったらいいの？

ここまでやってきたんだからキミもできるはず。
例えば、I'm hungry. って、訳さなくても理解できるよね。イメージも湧くよね？

うん、できる！　お腹すいてるイメージ。

それが英語脳なんだよ！　**いちいち日本語に変換しなくても状況がわかる状態。**
まずはかんたんな英文を使って、**英語の語順のまま理解する練習をする**んだ。次の Step からやっていこうね！

少しずつならできそう！

「寝て起きたら急に英語脳！」とはいかないけど、年齢に関係なく、練習を重ねていけば英語脳になってくるよ。

わかった。他にもいい練習方法ってある？

Step 6 で説明するけど、おすすめは**「多読」**。
①やさしめの本を選ぶ
②左から右へ読んだ順に理解する
③意味を推測しながら読む
これが鉄則。英語学習者用にレベル分けされた多読用の本もあって、英語脳強化にいいよ。

本を音読すれば発音の練習にもなるし、やってみる！

Next Step! >>>

Step 6

長短リズムレッスン

1 二次元コードから音声をダウンロード。
音声【◀)) 351】～【◀)) 365】を聞いて発音のイメージをふくらませよう。

2 本書を読みながら発音してみよう。

3 1と2を繰り返して、
発音に磨きをかけよう!

大人のフォニックス Step 6

読めば読むほど英語のレベルが上がる？

とりあえず26音や単語の発音レッスンが終わった〜〜。大変だったけど、感覚がつかめてきた気がする。
リーディングとかリスニングとか、もっと英語が上達したいな。

やる気があってえらい！ おすすめの勉強法があるよ。

（しまった。ま、また大変なのが出てきそう）

「多読」にぜひトライだね！ 読んで字のごとく、**多くを読む英語学習法**。15分ほどで読み終わる、自分のレベルに合った読み物を使うことが大事。知らない単語があっても、止まらず読み進めるのがルールだよ。

多読をすると、どうなるの？

①英語を英語のまま理解する**「英語脳」**（→P202）になる。②センテンスを一度読んで**「語順どおり意味を理解する」**力が身に付く。③単語や表現の幅が広がり**「使える英語」**が増える。
リーディングだけでなくリスニングにもいいんだよ。

そりゃ、たくさん読んだらできるようになるかもしれないけど、大変なんじゃない？

これからやるのは超かんたんバージョン。1センテンスから3センテンスまでをやろう。そこから徐々にレベルを上げていけばいいよ。

ちぐさ流発音レッスン **Step 6**

「長短リズム読み」で、きれいな発音に

これまで学習してきて思ったのが、日本語と英語ではリズムが全然違うんだね。

そう。日本人はよく同じトーンで、一定の強弱で几帳面に発音しがちなんだよね。
英語は、文の中であまり大事じゃない単語は弱く短く発音してしっかりメリハリをつけるんだよ。

だから、英語と日本語では聞こえ方が違うんだね。

例えば Mike eats chocolate. 3つの単語どれが欠けても意味が通じないから「**タン・タン・タン♪**」ってどれもしっかり発音するんだ。ここで単語を少し変えてみようか。

Mike is eating chocolate. だとどうなるの？

それもさっきの「**タン・タン・タン♪**」のリズムを崩さずに言ってみよう。

Mike is eating chocolate.
「is」「ing」をしっかり発音するとリズムが崩れる気がする。

そう！　じゃあ、「is」「ing」の部分を軽めに「Mike」「eat」「chocolate」を強めに言ってみて。

Mike is eating chocolate.
あ！　さっきの３拍のリズムで言えた！ なんか気持ちいい。

これが英語独特のリズム。短く発音するところ、長く発音するところをはっきりさせると一気にかっこよく聞こえるよ。
Mike is eating some chocolate. は言える？

「some」を日本語の要領で**「サム」**って言ったらリズムが崩れる！

でしょ。「some」は**「スァム」**くらい短く弱く言えばいいの。

文になると単語の発音が変わるんだね。

リズムがつくし、**「リンキング」**と言って単語と単語がつながって音が変わることも多いからね。だから単語の発音練習をした後は、センテンスでも練習するといいよ。

ちぐさ先生の

動画で発音レッスン！
～「長短リズム」編～

ちぐさ先生が動画で解説します。
二次元コード（URL）より見てみよう。

https://kanki-pub.co.jp/pages/otonaphonics

Let's get started! >>>

One sentence

※赤色の単語：強く・大げさに読む。　藍色の単語：ふつうに読む。　薄い青色の単語：短く読む。

351

I work for a big computer company in Tokyo.

フォrア

東京の大手コンピュータ関連会社で働いている。

「for a」はリンキングで短く弱い音になるが、「f」で息を出すのは忘れずに。「big computer company」はひとかたまりで一気に発音する。

352

This house is too big for us.

ハアウスイズ　　フォrラス

この家は私たちには大きすぎる。

「～すぎる」を意味する「too」を強調して発音する。冠詞「the」や前置詞「for」は短く弱く言おう。

353

I need to go grocery shopping this weekend.

ンニィーットゥ　　ショッピンッ*ディス

今週末、食材の買い物に行かないと。

「d」で終わる単語と「t」で始まる単語が続く時はリズムに注意。「ニードゥ・トゥ」と２拍ではなく「ンニィーットゥ」のように「d」と「t」が重なり１拍になる。

🔊 354

I grow tomatoes and cucumbers in my garden.

トメィドゥズェン　キィゥカンバrズィンマィ

庭でトマトとキュウリを育てている。

文のポイントである「なにを」の部分（ここではトマトとキュウリ）をはっきりと言おう。その間の「and」は弱く短くでよい。

🔊 355

I walk around my neighborhood almost every day.

ゥウァォーカゥラゥンドゥッ

ほぼ毎日、近所を歩いている。

「walk」が「work」の発音にならないように注意しよう。文の中で大事な「どこ」（近所）、「頻度」（毎日）の部分をはっきり発音する。

〈センテンスの発音〉ポイント

《ポイント①》
短く発音するもの

- ●前置詞（to, for, asなど）
- ● be動詞（am, is, wereなど）
- ●冠詞（a, an, the）
- ●代名詞（my, her, themなど）

※他に接続詞や助動詞、関係詞など。例外あり。

《ポイント②》
センテンスの主役の単語は強く・長く、脇役のポイント①は弱く・短く。強く・長く読む単語には「2音階の発音」も取り入れてみよう。

My	friend	went	to	the	station.
代名詞	名詞	動詞	前置詞	冠詞	名詞
短	長	長	短	短	長

※下線のあるカタカナは短く発音する。*は、カタカナ表記不可。

Two sentences

※赤色の単語：強く・大げさに読む。　藍色の単語：ふつうに読む。　薄い青色の単語：短く読む。

356

I can't find my phone. Where is it?

キェアントゥッファインドゥッ　イズイッ

携帯が見つからない。どこにいった？

「can' t」の部分を気持ち強め・長めに発音することで聞き手が否定文だとわかり、感情も伝わりやすい。「Where」を強調し、その後は短く弱く言おう。

357

I went to my friend's house last night.

ゥウェンットゥ

We had a great time together.

ハダァ

昨晩、友達の家に行ったよ。一緒に楽しい時間を過ごしたんだ。

「went」「last」「night」の「t」は「ストップｔ」で舌を弾かずに一瞬息を止めて「ッ」で終わる。「had a」はつなげて１拍で発音する。「great time」は「t」が連なるため、最初の「t」は「ストップｔ」で「グゥレィッ」に、２つめは「タッ」と舌を強めに弾く。

🔊 358

I have to do three loads of laundry every day.
ロゥズォヴ

I don't mind doing that, but it's hard when it's raining.
バディッツ

毎日洗濯を3回しないといけない。それは別にいいんだけど、雨の日は困るんだよね。

接続詞「but」や「when」は、その後に続く主語とつなげて短く発音することが多い。次のように意味のカタマリごとに区切ると言いやすくなる。(I have to do) (three loads of laundry) (every day). (I don't mind doing that),(but it's hard) (when it's raining).

🔊 359

Why is the printer not working? Let's try a different one.
ゥワィズ *ダ　トゥライア

なんでプリンター動かないの？　違うプリンターで試してみよう。

疑問詞の「Why」を強めに、全体に抑揚をつけて言う。「try a」など動詞の後に冠詞(a/the)が続く場合、単語をつなげて読むことが多い。

🔊 360

My morning is packed with meetings. Hopefully, I can take a lunch break by 2 p.m.
テェィクァ

午前中はミーティングで埋まっている。2時までには昼休みを取れるといいな。

文のキーポイントとなる単語「packed」や「meetings」をしっかり発音しよう。時間を言う時は、数字の部分をはっきり言うとよい。

※下線のあるカタカナは短く発音する。*は、カタカナ表記不可。

Three sentences

※赤色の単語：強く・大げさに読む。 藍色の単語：ふつうに読む。 薄い青色の単語：短く読む。

361

I live in a small house in Osaka with my husband.
リヴィンナ
We moved here about two years ago.
アバウットゥー
I like it here, but I also miss my hometown.
ライキィッ バダァイ

夫と大阪の小さな家に住んでいる。2年ほど前にここに引っ越してきたの。ここは好きだけど、故郷が恋しくもあるな。

「in a」「with my」など、強調する単語にはさまれた前置詞や冠詞、代名詞は弱く短く発音する。リンキングを意識して流れるように発音しよう。

362

My family and I went to Tokyo last month.
エンダァイ
We had a nice lunch at an Italian restaurant.
ハダァ アッダン
The food was amazing!

先月、家族と東京に行ったの。イタリアンレストランで素敵なランチを食べてね。
そこの食事は最高だったよ!

主語が「人＋自分」の時、「and I」の部分はリンキングで「エンダァィ」や「エンナィ」となることが多い。「amazing」は感情を込めて抑揚をつけて言おう。

◀)) 363

I don't have any plans for this weekend. It was a long week, so I will take it easy. Maybe I will have my friend over and watch a movie or something.

フォ*ディス　イッワズァ　テェィキッ　ゥワァッチァ

今週末は特に予定がない。長い1週間だったから少しのんびりしよう。友達を呼んで映画でも観ようかな。

「a long week」の「long」を長めに発音すると「長〜い１週間」という感じが出る。「It was」は、会話ではよく「ストップｔ」で「イッワズ」となる。「will」は文中ではたいてい主語とつなげて弱く短く発音される。

◀)) 364

I'm gonna make curry for dinner today. First, I need to prepare rice in the rice cooker. Then, I will cut up some veggies.

アィムガナ　ンニィーットゥ　イン*ダ　カダップッ

今日は夕飯にカレーを作ろう。まずは炊飯器でご飯の準備をして。それから野菜類を切っていこう。

会話でよく使う「I'm gonna」はひと息で発音しよう。「make curry」「need to」などつながり部分が発音しにくい場合、先にくる単語の語尾をごく軽く発音すると次につなげやすい。

◀)) 365

I recently received a new work computer.
It's fast and never crashes during online meetings.
It makes my life so much easier.

ゥリスィーヴダ　フェァステンッ

最近、新しい仕事用のパソコンを受け取った。速いし、リモート会議の途中で落ちることもない。
これのおかげですごく楽になった。

「recently」と３文めの「It」の「t」は、「ストップｔ」で「ゥリースンッリィ」「イッ」と小さい「ッ」の音に変わる。「so much」の「so」を強めに言うと感情を表現できる。

※下線のあるカタカナは短く発音する。*は、カタカナ表記不可。

Step 7

感情表現レッスン

1 二次元コードから音声をダウンロード。
音声【🔈366】〜【🔈400】を聞いて発音のイメージをふくらませよう。

2 本書を読みながら発音してみよう。

3 1と2を繰り返して、
発音に磨きをかけよう!

口調で伝わり方が変わる「感情表現」って？

ちぐさ先生。昨日、自分の発音がどんな感じなのか気になって、録音して聞いてみたんだ。そしたら、なんだか棒読みな感じでがっかりしちゃった。

録音してみたんだね。えらい！　いい練習法だと思うよ。そうか、棒読みだったんだね。そんな時は**「感情表現」**に気を付けるといいよ。

英語にも感情表現が必要なの？

英語も日本語と同じコミュニケーションツールだからね。自分の気持ちが伝わるように、発音に**「喜怒哀楽」**をプラスしよう。

なるほど。でも、なんだか照れくさいなあ。

まあね。日本人は文化的にも感情を出すのが得意じゃないから。でも、英語はイントネーションがすごく大事！　口調を少し変えるだけで伝わり方が変わるから、その練習もしよう。日本語の**「ちょっと」**も、普通は**「少し」**の意味だけど、**「ちょっと！」**って強く言えば怒ってる雰囲気になるでしょ？

演じる感じだね。

うん。自分では大げさだと思うくらいでちょうどいい。英語学習者はよく「英語と日本語、話す言語で人格が変わる。二重人格みたい」って言うよね。言語と文化は結びついているからね。英語だと抑揚や強弱が激しいとか、言葉それぞれの特性もあるし。**英語のノリや音の響きを楽しみながら演じるのも上達への近道**だよ！

嬉しい時

喜ばしい気持ちを込めて高めのトーンで、明るくほがらかに発音しましょう。

※赤色の単語：強く・大げさに読む。　藍色の単語：ふつうに読む。　薄い青色の単語：短く読む。

366

That was a lovely meal.

ゥワズァ

素敵な食事だった。

「lovely」を感情を込めて強めに言う。この「that」の語尾の「t」は「ストップ t 」で上あごに付けた舌を弾かず止めて「* ダァッ」で終わる。

367

The trip was so much fun!

トゥリップゥアワズ

とっても楽しい旅行だった！

「so much fun」の部分を強調する。特に「so」の音を伸ばすと日本語でいう「ほんっとに！」のニュアンスが伝わる。

368

My boss loved my presentation.

ラヴドゥマィ

上司が私のプレゼンを気に入ってくれた。

「loved」の「ラ」の部分に強勢を置いて気持ち長めに、「ヴドゥ」は添えるように弱く発音する。

369

My grandkids came to my house today.

ケイムトゥ

孫たちが今日、家に遊びに来た。

> 嬉しそうな表情で元気に言おう。「to」は文中では短く発音されることが多い。

370

Winter clothes are on sale at my favorite store!

クロウ*ズアrロンスェイウアツ

冬物の服がお気に入りのお店でセールになってる!

> 上機嫌な様子で「sale」「favorite」をやや音程を上げて長めに発音する。「are on」「at my」は短くてOK。

*は、カタカナ表記不可。

怒っている・イライラしている時

低めのトーンで不愉快な感情を表現しましょう。
いら立っている時はやや早口になることも。

※赤色の単語：強く・大げさに読む。　藍色の単語：ふつうに読む。　薄い青色の単語：短く読む。

371

Can you please clean up your mess?

キェアンニィゥ　クリーンナップ

自分が汚したところ、片付けてくれる?

「please」を強調することで「(お願いだから) ～してよ！」といら立ちのニュアンスが加わる。

372

Why didn't you tell me?

ディドゥンチュウ

なんで言ってくれなかったの?

「Why」と「tell」を強めに、その間の「didn't you」はつなげて短く。「tell ↗ me↘」と波打つようなイントネーションで言おう。

373

I'm upset with myself.

アップセットゥウィ*ズ

自分自身に腹を立てている。

感情を示す「upset」と「誰に対して＝myself」の部分をはっきりと発音する。

🔊 374

I’m annoyed with my husband.

アィマノィドゥ

旦那にイライラしている。

> 自分の気持ち「annoyed」を強めて言う。語尾「ドゥ」の音を弱めると次の「with」につなげやすい。

🔊 375

My coworker’s attitude was extremely unprofessional.

同僚の態度はきわめてプロらしくないものだった。

> 「extremely」を強調すると怒りの度合いがよく伝わる。

※下線のあるカタカナは短く発音する。*は、カタカナ表記不可。

悲しい・落ち込んでいる時

気がめいっている様子を想像して声のボリュームや音程を下げ、落ち着いた調子で言いましょう。

※赤色の単語：強く・大げさに読む。　藍色の単語：ふつうに読む。　薄い青色の単語：短く読む。

🔊 376

I made a horrible mistake at work.

メィダ

仕事で最悪のミスをしてしまった。

> ひどい状況を示す「horrible」を、語調を強めて「助走音の h」を長めに言うと辛い気持ちが出せる。

🔊 377

Today's meeting with my customer was a nightmare.

ミーディンゥウィ*ズ　ゥワズァ

今日のクライアントとのミーティングは、悪夢のようだった。

> 文の中の結論部分である「nightmare」を強めに、気持ちゆっくりめに発音しよう。

🔊 378

I don't know what I did wrong.

ドォゥンッノォゥ　ゥワダァィ

私のなにがいけなかったのかわからない。

> 「I don't know」は「タ・タン・タ〜ン♪」のリズムで言う。イントネーションを付けて困惑した様子を表そう。

🔊 379

I can't think about anything right now.

*スィンカバゥッ

今はなにも考えられない。

否定の「can't」をやや強調する。この「can't」「about」「right」は、文になると語尾の「ｔ」の音が抜け落ちることが多い。

🔊 380

I feel lonely working from home.

ゥワｒキンフゥラム

在宅で働いていると孤独を感じる。

「lonely」をやや悲しげな表情で言うと寂しい気持ちが伝わる。「from」は文中では短く弱く発音されることが多い。

※下線のあるカタカナは短く発音する。*は、カタカナ表記不可。

安心した（させる）時

はっきり力強く、または穏やかに優しく、相手や場面に応じて口調を変えて言いましょう。

※赤色の単語：強く・大げさに読む。　藍色の単語：ふつうに読む。　薄い青色の単語：短く読む。

381

Everything will be ok.

ゥウィォビィ

全てうまくいくよ。

> 不安がる相手を安心させる時は、説得するように「Everything」「ok」をゆっくり、優しい口調で発音するとよい。

382

You got this. You'll do great.

ガッ*ディス

大丈夫。君ならできるよ。

> 「got」「great」を力強く言おう。文中での「You'll」は「ユゥォ」と音が短くなる傾向がある。

383

I was worried about him. I'm so relieved now.

ゥワrリイダバゥディム

彼のことを心配していたんだ。安心した。

> ほっとした様子で「I'm so relieved」の「so」を長めに発音しよう。

🔊 384

Thank goodness I passed the exam.

パェアスッ*ダ

あぁマジでよかった。試験合格だ。

胸をなで下ろすように穏やかに言うとよい。「Thank」の「k」は発音せず「*サンッ」で止めて次の「goodness」に続けると発音しやすい。

🔊 385

I finally finished my project.

フィニッシュトゥマィ

やっとプロジェクトが終わった。

「finished」の語尾ははっきり発音せず、ごく弱く息のみで軽く「トゥ」。「finally」を強調して言うと「やっと終わった」という安堵感を表現できる。

※下線のあるカタカナは短く発音する。*は、カタカナ表記不可。

褒める・祝う時

高揚した気持ちを込めて、高めのトーンで抑揚を付けて言いましょう。

※赤色の単語：強く・大げさに読む。　藍色の単語：ふつうに読む。　薄い青色の単語：短く読む。

386

I'm so happy for you!

フォrユ

本当によかったね!

> 「so」を長めに、「happy」を高めのトーンで言うと気持ちの高まりがよく伝わる。

387

You did it! I'm so proud of you.

ディディットゥッ

やったね!　ほんとすごいよ。

> 「did it」は音をつなげて発音し、最後は息のみでごく軽く「トゥッ」、もしくは「ストップｔ」で「ディディッ」となる。「so」の音を強調すると、心底褒める気持ちが伝わる。

388

You did an excellent job.

ディダン

素晴らしい仕事をしてくれたね。

> 「did」の部分をやや長めに、「an」とつなげて発音する。「excellent」で音程を少し上げ、感心した気持ちを込めよう。

🔊 389

You worked really hard. You deserved the promotion!

ゥワｒクトゥリァリィ

一生懸命よくがんばったね。昇進は当然のことだよ！

> 「worked」の語尾「クトゥ」はごく弱く、次の「really」を強めに言う。誠意を込めて抑揚を付けて言うと褒め言葉がよく伝わる。

🔊 390

Wow. He's already 3? He's growing way too fast!

グゥロゥウィンッウェィ

えっ、もう3歳なの？　成長するの早すぎだよ！

> 「Wow」は驚きを込めて。「too fast」の意味を強める「way」を強調して長めに言う。

※下線のあるカタカナは短く発音する。

Step 7

皮肉を言う時

状況に応じて、無感情であざけるように、
または落胆やいら立ちを込めて発音しましょう。

※赤色の単語：強く・大げさに読む。　藍色の単語：ふつうに読む。　薄い青色の単語：短く読む。

391

Why am I so smart?

アマァイ

（うっかりミスをした時）あぁ、なんて私は賢いんだろう。

「Why」と「so smart」を長めに、「am I」を短く発音する。「smart」は音程を上げたまま終わる。自嘲するようなうす笑いで。

392

What a perfect day for a picnic.

ゥワダ　フォrラ

（晴天を期待していた日が大雨だった時）まさにピクニック日和だね。

あきれたように「perfect」を強調して言うと皮肉たっぷりに聞こえる。

393

Oh great. My phone just died.

ジャスッダァィドゥッ

（いざ必要という時に携帯が使えない場面）あぁもう。携帯の電源が切れた……。

シニカルな「Oh great」なので、低めのトーンでぼやくように言おう。

🔊 394

That's a very nice way to talk to your parents.

*ザァッツァ

（不適切な口をきいた子どもを親がたしなめる場面）親に対してなんて素敵な話し方をするんでしょう。

「very nice」を強めに、むっとした表情でいら立ちを抑えるように淡々と発音する。

🔊 395

Thanks to my ex-boyfriend, I had the worst Christmas ever.

ハアッ*ダ

（「～のせいで」にあえて「～のおかげで」を使うことで遠回しに非難する表現）元カレのおかげで史上最悪のクリスマスを過ごすハメになった。

冷やかな笑みを浮かべ、「人生最悪の」を強調するのに「worst」「ever」をゆっくり強めに発音すると怒りの感情が伝わる。

*は、カタカナ表記不可。

自信がない・困った時

深刻な表情で、不安や戸惑いの気持ちを込めながら声のトーンやボリュームを変えて言いましょう。

※赤色の単語：強く・大げさに読む。　藍色の単語：ふつうに読む。　薄い青色の単語：短く読む。

396

I don't know if I can do this.

イファイ

私にできるかどうかわからない。

「I don't」を短く弱く、「know」を「ノ〜ゥ」とやや強めに波打つように言う。自信なさげにトーンを落として。

397

I have no confidence at all.

アドォー

まったく自信がない。

声のボリュームを抑えると自信のなさを表現できる。「まったくない」を意味する「no」と「at all」を強調する。

398

What if I fail?

ゥワディフ

もし失敗したらどうしよう?

「What if」はつなげて一気に言う。「I」の後「fail」でやや音程を上げて問いかけるように。

399

I lost my wallet and I'm freaking out.

フゥリーキンガゥッ

お財布をなくしてパニクってる。

> 気が動転した様子を示す「freaking out」を荒々しく、語気を強めて言うとうろたえた感情が出る。

400

My hands are shaking really badly.

ハエアンズアr

手が震えてやばい。

> やや低めのトーンで困惑した様子を出そう。「really」を強調することで状況の深刻さが伝わる。

※下線のあるカタカナは短く発音する。

確認テストの答え

Step 1 の答え（問題 78 ページ）

問題 1	F	問題 2	F
問題 3	y	問題 4	g
問題 5	f	問題 6	k
問題 7	t	問題 8	z
問題 9	The pot is hot. （その鍋は熱い）		
問題 10	I sit on a box. （箱の上に座る）		
問題 11	Your house looks great. （あなたのお家とても素敵だね）		
問題 12	My dad is very tall. （父親はすごく背が高い）		

Step 2 の答え（問題 96 ページ）

問題 1	T	問題 2	gym
問題 3	said	問題 4	pay
問題 5	beetle	問題 6	tried
問題 7	law	問題 8	suit
問題 9	Let's go this way. （こっちに行こう）		
問題 10	This is my favorite show. （これ私の大好きな番組だ）		
問題 11	I make my own lunch. （自分の昼食を作る）		
問題 12	I need to find my key. （鍵見つけなきゃ）		

Step 3 の答え(問題 116 ページ)

問題 1	T	問題 2	F
問題 3	cook	問題 4	long
問題 5	stake	問題 6	event
問題 7	live	問題 8	exceed
問題 9	I always use these pens. (いつもこれらのペンを使う)		
問題 10	Pete likes cute cakes. (ピートはかわいいケーキが好きだ)		
問題 11	The child opened a nice present. (その子どもはすてきなプレゼントを開けた)		
問題 12	I hope to see you again！(また会えるといいな！)		

Step 4 の答え(問題 152 ページ)

問題 1	T	問題 2	F
問題 3	roof	問題 4	own
問題 5	thought	問題 6	card
問題 7	Earpods	問題 8	were
問題 9	Turn left at the next corner. (次の角を左に曲がって)		
問題 10	I canceled a meeting due to technical difficulties. (技術的な問題によってミーティングをキャンセルした)		
問題 11	Austin caught eighteen fish yesterday. (オースティンは昨日 18 匹の魚を釣った)		
問題 12	I cooked too much food！(ご飯作りすぎちゃったよ！)		

確認テストの答え

Step 5 の答え（問題 200 ページ）

問題 1	T	問題 2	F
問題 3	harsh	問題 4	agree
問題 5	sock	問題 6	pray
問題 7	bleed	問題 8	from
問題 9	My throat is dry and itchy. （のどが乾燥していてかゆい）		
問題 10	The graph looks strange. （そのグラフ、なんだか変だよ）		
問題 11	I put some frozen blueberries into the blender. （冷凍ブルーベリーをブレンダーの中に入れる）		
問題 12	Many people have smartphones in today's society. （今の社会、多くの人がスマホを持っている）		

おわりに
なぜ、子ども向けのフォニックスを大人に教えているのか？

英語講師としてこれまで多くの人と接してきて、「**すごくもったいない！**」と感じることがあります。

「**英語は間違ってるけど、堂々と自分の気持ちを相手に伝えてコミュニケーションを図れている人**」がいます。
一方で、「**学んだ英語はあっているのに、声が小さくなることで伝えたいことを理解してもらえない人**」がたくさんいます。

せっかく学んだのに声が小さくて伝わらないなんて、もったいないですよね。

英語を話せるようになるには、**声を大きくすることが大切**だと伝えたい。
けれど、英語講師としてどう指導したらいいのか……。

英語はできても、声が小さければ伝わらない。
英語は間違っていても、自信があれば伝わる。

……ということは「**英語をまず完璧に理解することは、必ずしも必要ではない。発音に自信を持てたら声は自然と大きくなる**のではないか？」。

こう考え、発音のトレーニングになるフォニックスを大人に指導するようになりました。子ども向けだったフォニックスを大人に指導したのは実は、私自身、発音記号がわからず、このフォニックスのおかげで発音に自信を持てるようになった１人でもあったからです。

大人に指導するようになり、たくさんの方から「発音が変わった！」というコメントをいただきました。また、フォニックスをYouTubeでも公開したら大反響がありました。少しずつですが、**自分の発音に自信を持てる人が増えてきた**と感じています。

英語が話せないんじゃない。
フォニックスを知らないから、自信を持って話せていないだけ。
もっともっとこのフォニックスを大人の英語学習者の方に広げたい！

そう考えていた矢先、「発音の本を出版しませんか？」と出版社からオファーをいただきました。

たくさんの人にフォニックスを知ってもらえるチャンスです。

「活かさないわけにはいかない」という想いを抱き、取り掛かりました。

本書をつくるにあたって元々のフォニックスを「ちぐさ流」にアレンジしています。というのも、日本人にとってわかりやすい説明や表現が必要であり、また、初心者にとって必要な情報と不要な情報を整理したうえで記載するほうがいいからです。

これまで教えてきた経験と知識をフルに活用して、本書『英語力ゼロからの大人のフォニックス』が完成しました。

より多くの方の発音の手助けになるようにと想いを込めています。

繰り返し練習して、発音に自信を持っていただきたいと思います。

ただ、せっかく学んだ英会話や発音はどうしても目に見えないものです。

「発音があっているかどうか」で不安になるかもしれません。

「さらに次のStepに進みたい」そんな人もいると思います。

私が英語発音の手助けでできることはまだあると思い、このたび、**「大人のフォニックス検定」**をつくりました。

大人のフォニックス検定
（2023年11月予定）

右の二次元コードは、私が運営している
株式会社Nextepのサイトになります。
こちらに随時、「大人のフォニックス検定」
の情報を掲載していきます。

https://www.nextep-english.com/phonics-nextep/

本書を通して、さらに「大人のフォニックス検定」が、皆さんのもう一歩先の自信につながり、伝わる英語になるようにと願っています。

そして、英会話というものが決して特別なスキルなどではなく、誰もが楽しんで身に付けられる身近な存在となり、

皆さんがグローバルに活躍できる人になりますように。

英語のコミュニケーションを通して人生の選択肢や愉しみが広がりますように。

そう願いながら、これからも英語講師を続けたいと思います。

どこかでお会いできる日を楽しみにしています。

2023年8月　重森ちぐさ

索引

a

b

c

d

e

【著者紹介】

重森　ちぐさ（しげもり・ちぐさ）

◉——株式会社Nextep代表取締役兼英語講師。英会話スクール運営。こども園、小学校の英語スーパーバイザー。子ども、超初心者の大人向けの指導が得意。

◉——高校卒業後、勉強嫌い、英語力ゼロで単身カナダへ留学。５カ月で英会話を習得して帰国。大手英会話スクール勤務後、ユネスコ世界会議のスタッフや教育委員会からの依頼で13校の小学校英語講師や中学校の英検スーパーバイザーを務めた。現在、子どもから大人まで英語が「話せる」「通じる」喜びを広めるべく活動している。

◉——YouTube「Nextep ちぐさのYouTube 英会話教室」は登録者数14.7万人超（2023年７月時点）。YouTube「大人のフォニックス」の関連動画では160万回以上の再生数で、英語発音の教え方に定評がある。

◉——著書に『今日からつぶやけるひとりごと英語フレーズ1000』（KADOKAWA）、『英語２語トレ』（SBクリエイティブ）がある。

英語力ゼロからの大人のフォニックス

2023年9月1日　第１刷発行
2024年1月5日　第２刷発行

著　者——重森　ちぐさ
発行者——齊藤　龍男
発行所——株式会社かんき出版
東京都千代田区麴町4-1-4 西脇ビル　〒102-0083
電話　営業部：03(3262)8011㈹　編集部：03(3262)8012㈹
FAX　03(3234)4421　振替　00100-2-62304
https://kanki-pub.co.jp/pub/
印刷所——シナノ書籍印刷株式会社

ISBN978-4-7612-7688-1 C0082